BIBLIOTHÈQUE DES CAHIERS DE L'INSTITUT
DE LINGUISTIQUE DE LOUVAIN — 96

LES PALIQUES,
DIEUX JUMEAUX SICILIENS

ALAIN MEURANT

PEETERS
LOUVAIN-LA-NEUVE
1998

D. 1998/0602/252   ISSN 0779-1666   ISBN 90-429-0235-3 (Peeters Leuven)
ISBN 2-87723-383-9 (Peeters France)

© 1998 PEETERS   et   Publications Linguistiques de Louvain
Bondgenotenlaan 153
B-3000 Leuven

Printed in Belgium

AVERTISSEMENT

Cette étude sur les Paliques faisait initialement partie d'une thèse de doctorat intitulée *L'idée de gémellité au regard des figures légendaires de l'Italie primitive. Une esquisse de typologie axée sur les origines de Rome*, soutenue à Louvain-la-Neuve le 9 octobre 1996. Bien qu'occupant une place précise dans un cadre aussi large, le dossier de ces vieilles divinités siciliennes pouvait néanmoins s'assimiler à un ensemble bien compartimenté, à un tout relativement autonome. Relevant le fait, M. Dominique Briquel, membre du jury, suggéra d'en faire une publication séparée : de son point de vue, il était possible d'y arriver sans dommage pour le travail original comme pour le segment qui en serait extrait. Telle fut, en peu de mots, la genèse de ce petit livre.

Les circonstances dont dépendit son existence montrent assez clairement qu'elle répond à une double intention : réduire sensiblement le volume de ma thèse en vue d'une prochaine publication et faire un point complet sur un sujet somme toute fort peu couru. On ne parle en effet des Paliques qu'épisodiquement, dans des recherches entreprises à d'autres propos quand leur chemin croise vaguement celui de ces dieux siciliens, dans des notices que leur consacrent parfois des dictionnaires mythologiques ou, mais c'est plus rare, dans quelques articles dont certains ont beaucoup vieilli. Un tel émiettement renvoie des Paliques une image éclatée. Sa recomposition ne s'apparentait donc pas à un exercice superflu : l'effectuer permettait tout à la fois de dégager les certitudes établies sur la question et de regrouper, en tentant d'y répondre, les problèmes qu'elle soulève. Cette marche à suivre impliquait donc de reprendre, dans une nécessaire mise à plat, toutes les pièces du dossier concerné pour tenter de tirer de leur examen les enseignements qui s'imposent. Les pages ici ouvertes trouvent là leur motivation principale.

L'objectif étant défini, il me faut, avant d'aller plus loin, encore remercier, pour leur constante attention, MM. Jacques Poucet et Paul-Augustin Deproost, les promoteurs de la thèse dont s'est détaché ce texte, de même que MM. Guy Jucquois et Yves Duhoux qui me font l'honneur de l'accueillir dans leur collection. Sans oublier Mme Colette Lénelle-Duchatel et M. Dimitri Jamsin qui, en toute amitié mais avec une rigueur permanente, en ont relu le manuscrit.

INTRODUCTION

Les progrès de la mythologie comparée ont depuis longtemps dénoncé l'évidente analogie qui apparente Romulus et Rémus, les fabuleux fondateurs de Rome aux Aśvin védiques et aux Dioscures grecs[1]. Nettes et profondes, une fois levé l'écran des contextes différents, les traces de cette affinité convergent vers un substrat légendaire indo-européen chargé d'exprimer, dans la logique de ses promoteurs, l'idée de fécondité sous les traits symboliques et suggestifs de jumeaux exemplaires.

À la faveur de cet éclairage, les travaux de G. Dumézil et leurs prolongements actuels décelèrent, sous le voile des adaptations particulières, la charpente d'un tel paradigme gémellaire : sa restauration enrichit le panthéon indo-européen de jumeaux gages de sauvegarde et d'abondance, logés au dernier échelon du système trifonctionnel. Ces partenaires appariés sont, dans la mesure du possible, pourvu d'un statut bien spécifique. Chacun d'eux poursuit une trajectoire bien définie. D'ordinaire, le jumeau "de type Pollux", immortel parce que né d'un dieu, est connoté au bœuf et affecté à la première fonction. Son frère "de type Castor", mortel parce que son père n'est qu'un homme, est

---

[1] FR. CHAPOUTHIER, *Dioscures*, 1935, pp. 336-339; R. SCHILLING, *Romulus l'élu*, 1960, p. 182; N. MASQUELIER, *Pénates*, 1966, p. 89; G. DUMÉZIL, *RRA*, 1974, pp. 263-268; D. BRIQUEL, *Tarente*, 1974, p. 695; J. PUHVEL, *Remus et Frater*, 1975-1976, pp. 73-74; D. BRIQUEL, *Jumeaux*, 1976, p. 74; ID., *Triple*, 1976, pp. 145-146, 149; ID., *Disparition*, 1977, p. 253; R. SCHILLING, *«Castores»*, 1979, p. 348; R.G. BASTO, *RFL*, 1980, pp. 180-181; G. DURY-MOYAERS, *Énée*, 1981, pp. 204-205; P.-M. MARTIN, *Royauté I*, 1982, p. 226; D. BRIQUEL, *Enfances*, 1983, p. 54 + n° 2; A. MOMIGLIANO, *Origins*, 1984, p. 385; M. MESLIN, *Homme*, 1985, pp. 29-30; D. BRIQUEL, *Mort*, 1986, pp. 18-19 qui insiste sur les traits «dioscuriques» du seul Romulus et J.N. BREMMER, *Romulus, Remus*, 1987, p. 36 quoique C. DULIÈRE, *Lupa*, 1979, p. 16 n° 74 critique le rapport aux Aśvin. Toutefois le parallélisme initial prenait seulement en compte les affinités qui rapprochent les jumeaux védiques des Dioscures grecs : S. REINACH, *Dioscuri*, 1892, pp. 249-250; E. BETHE, *Dioskuren*, 1903, col. 1110-1111; A.H. KRAPPE, *Mythologie*, 1930, p. 53; R. SCHILLING, *«Castores»*, 1979, pp. 348-349; J. CARLIER, *Dioscures*, 1981, p. 307; G. DUMÉZIL, *MR*, 1983, p. 115; R. KUNTZMANN, *Mythologème*, 1982, p. 4 (= ID., *Symbolisme*, 1983, p. 15).

associé au cheval et annexé à la deuxième fonction. Souvent, le second est destiné à disparaître sous les coups du premier[2].

À Rome, en fonction de schémas mentaux typiquement locaux, cet héritage commun a subi quelques modifications significatives. Projeté avec ces changements sur Romulus et Rémus, les grands ancêtres de la cité, le stéréotype gémellaire indo-européen se démarque clairement de ses applications aux Dioscures laconiens et aux Aśvin indiens, pour s'en tenir à ces seules comparaisons. Sur les bords du Tibre, le réalisme ambiant a fait tomber dans l'histoire des origines de l'*Vrbs*, un schéma que les autres traditions indo-européennes réservaient souvent (mais pas exclusivement) à des dieux. De plus, les rôles sont ici inversés et c'est Romulus le jumeau au cheval, qui survit à Rémus, le jumeau au bœuf [3].

Reste que ce constat bute sur un problème qu'on peut difficilement éluder : dans leur forme actuelle, les mythes gémellaires majeurs chantés au sein des civilisations nées de la diaspora indo-européenne ont-ils été de toutes pièces forgés sur place à partir de l'acclimatation du paradigme importé? Pour cela, il faudrait que ses légataires eussent atteint des territoires encore vierges de toute gémellité imaginaire, schématique ou bien articulée, autonome ou non, qui représenterait la traduction locale

---

[2] Tout aussi significative est l'ampleur des fluctuations du nombre de couples gémellaires connus dans chaque civilisation de souche indo-européenne. Elle a de quoi surprendre : leur présence peut s'y multiplier ou se réduire à quelques cas, un peu comme si ce motif légendaire connaissait des terrains d'élection qui le voyaient germer en abondance et des zones déshéritées où il se montrait plus clairsemé. Sous bénéfice d'inventaire et sans tenir compte de la péninsule italienne, un premier pointage nous a permis d'en découvrir sept occurrences en secteur indo-iranien, cinq dans le monde celte (au sens large du terme), trois en Germanie, une en Scandinavie, en Lettonie, en Arménie et dans le Caucase, et surtout quarante-trois en Grèce. Pour ne parler que des jumeaux de même sexe (précisons que ce relevé a été effectué avant la parution de G. DUMÉZIL, *Roman*, 1994 qui l'enrichit de quelques unités). Outre que cela serait fastidieux, la place manque ici pour décliner, au cas par cas, la liste des membres de toutes ces catégories. En vue de gagner du temps, tout en fournissant au lecteur de précieux instruments de travail, nous signalerons seulement quelques publications qui ont le mérite d'avoir procédé à des recensements d'importance variable : J.R. HARRIS, *Cult*, 1906; A.H. KRAPPE, *Mythologie*, 1930; G. BINDER, *Aussetzung*, 1964; D. WARD, *Divine Twins*, 1968; D. BRIQUEL, *Jumeaux*, 1976, pp. 73-97; S. O'BRIEN, *Dioscuric Elements*, 1982, pp. 117-136; M. SHAPIRO, *Neglected Evidence*, 1982, pp. 137-165; C. GROTTANELLI, *Yoked Horses*, 1986, pp. 125-152; FR. FRONTISI-DUCROUX, *Grecs*, 1992, pp. 238-262; B. SERGENT, *Quelques jumeaux*, 1992, pp. 205-238. À ma connaissance, il n'existe aucun décompte intégral des jumeaux imaginaires italiens qui ne seraient pas la simple réplique de correspondants grecs.

[3] Ces lignes condensent une analyse que développe longuement A. MEURANT, *Idée de gémellité*, 1996, pp. 137-138, notre thèse à laquelle, pour ne pas faire double emploi, les pages suivantes se permettront de faire référence lorsque cela s'avérera nécessaire.

d'un mythologème universel dont elle respecterait certaines conventions. À la réflexion, est-il vraiment impensable que les contrées envahies aient déjà abrité quelques jumeaux mythiques dont l'apparition est conditionnée au trouble des mentalités primitives incapables d'expliquer l'irruption d'un phénomène naturel particulièrement déroutant[4]? Assurément non; mais dès lors qu'ils auraient existé, que seraient-ils devenus?

En fonction du degré de notoriété que de tels jumeaux imaginaires de souche locale pourraient revendiquer et sans oublier qu'il s'agit de pures spéculations, deux hypothèses autorisent à s'en faire une idée plus précise : ou bien leur gémellité manquait d'envergure et on peut alors envisager que l'imposant dispositif chargé d'illustrer la même thématique dans la pensée des envahisseurs du IIe millénaire l'eût complètement submergée; ou bien de sérieux antécédents lui assuraient crédit et renommée et on imaginera plutôt que la formule indo-européenne eût fusionné avec elle ou du moins avec ses manifestations les plus prestigieuses. En ce cas, un navrant dilemme résume l'avenir de celles qui n'eurent pas cette chance : disparaître sans laisser de traces ou survivre dans l'ombre de leurs successeurs sous une forme rudimentaire, ténue, sortes de lointains et vagues souvenirs fossilisés de cadres gémellaires devenus caducs. Examinons ces possibilités de plus près.

Avancer que l'intrusion du modèle gémellaire indo-européen ait provoqué la suppression absolue et immédiate d'homologues locaux, même robustes, implique de lui reconnaître la capacité d'étouffer des éléments préexistants comme toute production ultérieure. Pareille thèse n'est défendable qu'à la seule condition d'élever les invasions indo-européennes à l'échelle d'une énorme vague migratoire déferlant de ses bases sur des pays subitement soumis à l'hégémonie politique et culturelle de ces nouveaux arrivants. Ce qui n'est plus de mise puisque cette conquête prend désormais l'allure, plus lente et plus logique, d'infiltrations successives et progressives, qui rendent plus improbable l'idée une éradication complète et rapide de pousses gémellaires antérieures à leur venue.

Quant à repérer des traces de jumeaux combinant typologies indo-européenne et locale, l'opération requiert la connaissance préalable du mode de fonctionnement de chaque précédent supposé. Sa réalisation nécessiterait d'abord de soumettre toutes les paires jumelles localisées dans une zone donnée du champ d'influence indo-européen à un filtrage destiné à y déceler la présence d'éléments en dissidence avec l'archétype qui y prévaut, puis de chercher à déterminer leur possible appartenance à un ancien système indépendant susceptible d'être reconstruit en tout ou

---

[4] A. MEURANT, *Idée de gémellité*, 1996, pp. 20-24 et 37-39 souligne cet aspect fondamental du phénomène gémellaire.

en partie. Dispersées aux quatre coins de la superficie à couvrir, ces informations doivent encore être collectées. L'ampleur et la variété de la matière à brasser compliquent sérieusement tout essai de systématisation. Dans l'idéal, une méthode de travail adéquate s'articulerait autour de trois grands axes. À la faveur d'un quadrillage serré des provinces indo-européennes, entrepris secteur par secteur, il faudrait d'abord mettre la main sur un nombre probant de vestiges gémellaires réfractaires aux canons indo-européens. S'ils existent, leur confrontation s'attacherait ensuite à prouver l'éventuelle tutelle d'un principe directeur, sans doute variable selon les régions, dont les ressorts internes devraient être chaque fois démontés. Les exemplaires de ces gémellités primitives seraient enfin contraints d'avouer à quel prix ils ont survécu, avec des fortunes diverses, en marge des puissants réseaux indo-européens chargés d'exprimer le même concept. On le voit, la tâche excède largement les limites et le cadre de ce travail. En outre, la mise en coupe réglée d'un terrain si étendu et si diversifié réclamerait les efforts conjugués de plusieurs spécialistes.

Moins ambitieuses, ces pages se borneront à n'envisager que le cas des Paliques, ces divinités jumelles qui jouissaient d'un culte extrêmement populaire sur l'aile orientale de la Sicile. Elles tenteront principalement de savoir si le mode de fonctionnement de cette paire de jumeaux insulaires respecte scrupuleusement l'organisation de l'archétype indo-européen, s'ils la retouchent dans le même sens que Romulus et Rémus ou s'ils innovent autrement. Dans l'éventualité où aucune de ces possibilités ne conviendrait, il faudrait se demander si les Paliques ne sont pas les représentants d'une gémellité non indo-européenne aux accents locaux qui, si elle est agréée, devra manifester ses propriétés et préciser les rapports tissés avec son substitut.

Pour savoir avec précision ce qu'il en est, nous confronterons, après les avoir définies, la nature et les caractéristiques des Paliques aux normes gémellaires indo-européennes[5]. Pratiquement, la présentation de ces vieilles divinités siciliennes comprendra trois étapes où les considérations théoriques équilibreront le recours aux documents disponibles. La première débitera les séquences que les grands courants de la tradition accolent d'habitude à nos dieux jumeaux : les unes traitent des circonstances de leur naissance, les autres des talents qu'ils manifestent. La deuxième évaluera les principales discordances dont souffre l'énoncé de ce tronc commun. La dernière proposera un relevé critique des paramètres gémellaires rassemblés dans ces deux canaux complémentaires en vue de déterminer à quel type de gémellité rallier les Paliques. Au

---

[5] Sur base de nombreux exemples venus des différentes traditions indo-européennes, A. MEURANT, *Idée de gémellité*, 1996, pp. 67-112 en propose une présentation intégrale.

terme de ce parcours, une brève synthèse globalisera les éléments collectés.

CHAPITRE PREMIER

LE TRONC COMMUN

Les pages suivantes s'attacheront d'abord à cerner la personnalité et les compétences des Paliques. Elles voudront aussi détailler les éléments du décor où la tradition les fait évoluer. Toutefois, leur ambition ne se limitera pas là : définir et jauger leur gémellité reste l'objectif prioritaire. L'alignement d'un nombre probant d'indications caractéristiques y suffira. Mais ces signes distinctifs sont englobés dans un cadre plus large : l'appareil légendaire et cultuel des divinités qu'ils qualifient. Il paraît donc pertinent que la description de l'ensemble précède l'extraction des éléments privilégiés. Aussi la présentation du contexte où ils se fondent précédera-t-elle le recensement des attributs gémellaires mobilisés. Tel est l'enjeu de ce premier chapitre.

Pour prévenir toute dispersion, brossons avant tout le portrait des Paliques à partir des grandes constantes de la tradition : l'emplacement des curiosités naturelles qui trahissent leur présence, le récit de leur naissance à double volet, l'ordalie qu'ils patronnent, leur sympathie pour la détresse humaine et la fertilité qu'ils dispensent. Afin que d'incessantes interruptions ne perturbent pas le développement de cet assemblage conventionnel, l'examen approfondi des traits gémellaires qu'il afficherait sera renvoyé à l'étape finale. Place donc au signalement de ceux qu'ils illustrent[6].

---

[6] K. ZIEGLER, *Palikoi*, 1949, col. 100-123; J.H. CROON, *Palici*, 1952, pp. 116-129; L. BELLO, *Ricerche*, 1960, pp. 71-97; R. SCHILLING, *Place*, 1964-1965, pp. 259-286; H.J. ROSE, *Palici*, 1970, p. 771; KL. MEISTER, *Palikoi*, 1972, col. 425-426; TH. LADEWIG-C. SCHAPER, *Virgils Gedichte*, 1973, p. 123 n° 585; M. GRANT-J. HAZEL, *Who's who*, 1975, p. 307; P. GRIMAL, *Dictionnaire*, 1976, p. 338; G. CASTELLANA, *Origine*, 1981, pp. 234-243; E. MANNI, *Divagazioni*, 1983, pp. 175-185 et C. JOURDAIN-ANNEQUIN, *Grec*, 1988-1989, pp. 153-155 ont repris la gestion du dossier des mains de K.G. MICHAELIS, *Die Paliken. Ein Beitrag zur Würdigung altitalischer Kulte*, Dresde, 1856; G. GLOTZ, *Palici*, 1887, pp. 284-285; L. BLOCH, *Palikoi*, 1897-1902, col. 1281-1295; I. LÉVY, *Dieux siciliens*, 1899, pp. 256-266; E. CIACERI, *Culti*, 1911, pp. 23-36. Pour alléger le corps des notes et parce qu'ils ne

a. Le cadre de référence

À l'ouest de l'ancienne Leontinoi, non loin de l'actuelle Palagonia, dans une cuvette volcanique comme la Sicile en ménage tant, s'étend le Lago di Naftia[7]. Sur base d'un énigmatique fragment de Callias[8], on a même cru pouvoir préciser que le site se trouvait sur le territoire de la sicule Érykè avant de tomber sous l'autorité de Leontinoi et de Syracuse[9]. La majorité des Modernes[10] y situe le centre d'un culte que certains transposent, plus au nord, au bord de la Salinetta de Paterno[11]. Quel qu'il

---

cessent de renvoyer à leurs devanciers, seuls les travaux publiés après la seconde guerre mondiale viendront systématiquement appuyer notre exposé. Les études antérieures n'interviendront que pour introduire une donnée utile qu'ils auraient délaissée. Ajoutons, pour être complet, qu'A. KOSSATZ-DEISSMANN, *Dramen*, 1978, pp. 33-44 rassemble toutes les représentations figurées du mythe des Paliques exécutées sur céramique grecque.

[7] Aussi appelé Lago Fetia et situé, entre Catane et Caltagirone, à 27 km à l'ouest de la moderne Lentini : K. ZIEGLER, *Palikoi*, 1949, col. 100 et 104; E. FRÄNKEL, *Vermutungen*, 1954, p. 63; E. GRASSI, *Papyrologica*, 1956, p. 209; G.V. GENTILI, *Cinturone*, 1962, pp. 14-15; Q. CATAUDELLA, *Tragedie*, 1964-1965, p. 391; P. PELAGATTI, *Palikè*, 1966, p. 106; T.J. DUNBABIN, *Western Greeks*, 1968, p. 125; M. TREU, *Mythologie*, 1968-1969, pp. 430-431; F.W. WALBANK, *Historians*, 1968-1969, p. 490; H.J. ROSE, *Palici*, 1970, p. 771; A. KOSSATZ-DEISSMANN, *Dramen*, 1978, pp. 34 et 42; M.I. FINLEY, *Ancient Sicily*, 1979, p. 14; N. BIFFI, *Italia*, 1988, p. 339 n° 274 et C. JOURDAIN-ANNEQUIN, *Grec*, 1988-1989, p. 154; EAD., *Héraclès*, 1989, p. 286.

[8] Callias (= *FGrH* 564 F 1), *apud* Macr., *Sat.*, V, 19, 25 : *cf. infra* pp. 37-41 pour l'examen complet de ces quelques lignes qui posent problème à plus d'un titre.

[9] À croire K. ZIEGLER, *Palikoi*, 1949, col. 101 et E. MANNI, *Divagazioni*, 1983, pp. 176, 182, les localisations ἐν δὲ τῇ Λεοντίνων (Lykos de Rhégion [= *FGrH* 570 F 11 a], *apud* Antigone de Carystos, *Hist. mir.*, 159), dont le ἐν Λεοντίνοις de Orib., V, 3, 29 et peut-être même le «*in Leontinis*» de Plin., *N.H.*, XXXI, 19, 27 offrent l'équivalent, et τῆς Συρακουσίας (Hésych., *s.v°* Παλικοί) marqueraient les étapes de l'évolution politique qui rattacha cette région au territoire léontin avant qu'elle n'entre dans l'orbite de la cité côtière. Pour la référence à Érykè, voir *infra* pp. 36-37 et 40-41.

[10] K. ZIEGLER, *Palikoi*, 1949, col. 100-101, 104-105; L. BELLO, *Ricerche*, 1960, p. 95; D. ADAMASTEANU, *Ellenizzazione*, 1962, pp. 175-177; R. SCHILLING, *Place*, 1964-1965, p. 260; J. CHAMONARD, *Ovide*, 1966, p. 419 n° 271; L. BERNABÒ BREA, *Sicily*, 1966, p. 51; F.R. WALTON-R.M. GEER, *Diodorus XII*, 1967, p. 153 n° 1; FR. LASSERRE, *Strabon III*, 1967, p. 168 n° 2; H.J. ROSE, *Palici*, 1970, p. 771; KL. MEISTER, *Palike*, 1972, col. 425; P. GRIMAL, *Dictionnaire*, 1976, p. 338; J. ANDRÉ, *Ovide*, 1977, p. 74 n° 5; M. GUIDO, *Sicily*, 1977, pp. 100-101; P. FABRE, *Grecs*, 1981, p. 253; E. MANNI, *Divagazioni*, 1983, p. 175; N. BIFFI, *Italia*, 1988, pp. 339-340 n° 274.

[11] Soit sur le flanc occidental de l'Etna, au siège d'un volcan à boue que les indigènes nomment *maccaluba* ou *salsa*, où leurs caractéristiques naturelles se confondent avec celles de phénomènes semblables observés dans les faubourgs d'Agrigente et de Géla et dont les

fût, le lieu retenu était dédié aux Paliques, de très anciennes divinités locales au prestige national[12].

Les gens de la région croyaient que ces dieux immémoriaux activaient de curieux phénomènes naturels auxquels la tradition prête une ampleur extraordinaire[13], mais une situation approximative sur le flanc oriental de la Sicile[14]. Là, dans la vaste plaine du Symèthe[15], affleuraient deux cratères[16] de faible diamètre mais si profonds qu'il leur arrivait

---

traces sont toujours perceptibles : I. LÉVY, *Dieux siciliens*, 1899, pp. 260-267, 275; FR. LASSERRE, *Strabon III*, 1967, p. 168 n° 1; G. CASTELLANA, *Origine*, 1981, p. 237.

[12] Hippys de Rhégion (= *FGrH* 14 F 3) *apud* Antigone de Carystos, *Hist. mir.*, 121 transmet une fourchette chronologique (636-632 a.C.n.) qui plaide en ce sens : en tout cas, Eschyl. (= F 6 Nauck-Snell), *apud* Macr., *Sat.*, V, 19, 24 (*cf. infra* pp. 21-22) assure que l'élaboration de la légende de leurs origines aurait le Ve siècle a.C.n. pour *terminus ante quem*. FR. AL-THEIM, *Italien*, 1941, pp. 60-63; L. BELLO, *Ricerche*, 1960, p. 89; KL. MEISTER, *Palikoi*, 1972, col. 426; M. GUIDO, *Sicily*, 1977, p. 101 et E. MANNI, *Divagazioni*, 1983, pp. 176, 182 confirment la haute antiquité et l'accent patriotique qui valent à ce culte une profonde vénération chez Polémon (= *FGrH* 140 F 83), *apud* Macr., *Sat.*, V, 19, 26; Diod., XI, 89, 1; Macr., *Sat.*, V, 19 : G. GLOTZ, *Palici*, 1887, p. 284 prétend même que Sicules et Phéniciens le pratiquaient dès avant l'arrivée des Grecs. Par ailleurs, la datation d'Hippys reste incertaine comme le montrent A. BRELICH, *Religione*, 1964-1965, pp. 38-39 et E. MANNI, *Divagazioni*, 1983, pp. 175-176, 182; ID., *Sicilia*, 1984-1985, pp. 176, 187; ID., *Ippi*, 1989, p. 331 + *cf. infra* p. 18 n° 31.

[13] Si Polémon (= *FGrH* 140 F 83), *apud* Macr., *Sat.*, V, 19, 26-27; Diod., XI, 89, 2-5; Macr., *Sat.*, V, 19, 19 et Ps-Arist., *Mir.*, 57 (dont Stéph. Byz., *s.v°* Παλική p. 496, 9 semble se faire l'écho : J.H. CROON, *Palici*, 1952, p. 117 n° 4 et E. MANNI, *Divagazioni*, 1983, p. 180) en livrent une vision détaillée, Lykos de Rhégion (= *FGrH* 570 F 11 a), *apud* Antigone de Carystos, *Hist. mir.*, 159; Isigone de Nicée (= *FHG* IV p. 436 F 7), *apud* Sotion, 8; Ov., *Mét.*, V, 405-406; *Pont.*, II, 10, 25 et Strab., VI, 2, 9 se contentent en revanche d'allusions plus succinctes. L'exagération de certaines descriptions fit qu'on suspecta parfois la main de l'homme d'avoir amplifié les caprices de la nature : *cf. infra* p. 24 n° 50.

[14] Les variations climatiques qui, aujourd'hui encore, modifient sensiblement la physionomie du Lago di Naftia justifient sans doute ces confusions géographiques. Pour ne rien simplifier, ces métamorphoses étaient déjà en mesure d'abuser les Anciens (*cf. infra* p. 16 n° 23). Leurs témoignages discordants qui, sans toujours le dire, colportent des descriptions différentes du même site expliquent en grande partie cette localisation hésitante.

[15] Verg., *Aen.*, IX, 584 transmet cette vague indication à Serv., *ad Aen.*, IX, 581 et Macr., *Sat.*, V, 19, 17-18. Des recoupements avec les repères fournis par Lykos de Rhégion (= *FGrH* 570 F 11 a), *apud* Antigone de Carystos, *Hist. mir.*, 159 et peut-être Lykos de Rhégion (= *FGrH* 570 F 11 b), *apud* Plin., *N.H.*, XXXI, 19, 27 permettent de délimiter un périmètre compris entre Mineo et Palagonia au sud, Lentini à l'est et le Symèthe au nord, soit la proche banlieue du site où la plupart des Modernes placent le sanctuaire des Paliques (*cf. supra* p. 14 n° 10).

[16] Sur le nombre fluctuant de ces orifices que Diod., XI, 89, 1, à défaut de toute autre dénomination, personnalise sous la forme κρατῆρες : *cf. infra* pp. 16 n° 23, 23 n° 44, 40-41 et 44-45.

d'engloutir animaux et attelages[17]. Ces bassins taillés dans le roc étaient baignés d'une eau bouillonnante[18] sinon bouillante[19], couverte d'un limon blanchâtre[20], où planait une forte odeur de soufre[21] : on aurait dit des chaudrons posés sur un feu ronflant et qui vomissaient avec fracas de stupéfiants geysers aux colonnes régulières[22]. En dépit de leurs retombées, le niveau de ces vasques naturelles demeurait constant[23].

---

[17] Polémon (= *FGrH* 140 F 83), *apud* Macr., *Sat.*, V, 19, 27. M. GIANGIULIO, *Greci*, 1983, p. 820 croit discerner dans l'anecdote les traces d'un sacrifice par immersion fréquent en Sicile.

[18] Seule particularité que consigne Macr., *Sat.*, V, 19, 19 qui pourrait l'avoir empruntée à Callias (= *FGrH* 564 F 1), *apud* Macr., *Sat.*, V, 19, 25. Strab., VI, 2, 9 tait cette caractéristique, contrairement à ce qu'avance E. MANNI, *Divagazioni*, 1983, p. 181.

[19] Lykos de Rhégion (= *FGrH* 570 F 11 a), *apud* Antigone de Carystos, *Hist. mir.*, 159; Polémon (= *FGrH* 140 F 83), *apud* Macr., *Sat.*, V, 19, 27 et Ov., *Mét.*, V, 406 : les brûlures infligées aux parjures plaident en ce sens (*cf. infra* p. 25 + n° 56). Diod., XI, 89, 2-4 note pourtant que la haute température de l'eau tenait de l'hypothèse puisque personne n'osait y toucher. Dès lors, J.H. CROON, *Palici*, 1952, p. 120 pense qu'il pourrait s'agir d'une croyance locale : avec l'aval de K. ZIEGLER, *Palikoi*, 1949, col. 105, Lykos de Rhégion (= *FGrH* 570 F 11 a), *apud* Antigone de Carystos, *Hist. mir.*, 159 prétend même qu'elle était froide. L. BLOCH, *Palikoi*, 1897-1902, col. 1283 rapportait déjà le différend sans le trancher.

[20] Polémon (= *FGrH* 140 F 83), *apud* Macr., *Sat.*, V, 19, 26. K. ZIEGLER, *Palikoi*, 1949, col. 102 croit, avec E. MANNI, *Divagazioni*, 1983, p. 179, que cette boue cendrée, sans doute imputable à des dépôts de naphte, contrevient à l'idée d'une fosse insondable et propose de substituer χαλαιρύπῳ («eaux de vaisselle») au χαμαιρύπῳ de Polémon.

[21] Polémon (= *FGrH* 140 F 83), *apud* Macr., *Sat.*, V, 19, 26; Diod., XI, 89, 4 et Ov. *Mét.*, V, 405 (*cf. infra* p. 17 n° 24). En grec, le terme θεῖον, θείου traduisant le soufre est aussi la forme neutre de l'adjectif θεῖος («de nature divine») : l'élément gazeux qu'exhalent les crevasses incommode si fort qu'il évoque inévitablement la divinité (E. CIACERI, *Culti*, 1911, pp. 36-37 et E. MANNI, *Divagazioni*, 1983, pp. 177, 179 + *infra* pp. 17-18 et 22).

[22] Du moins dans le tableau que brosse Diod., XI, 89, 2-3. Ps-Arist., *Mir.*, 57; Stéph. Byz., *s.v°* Παλική p. 496, 9 et Isigone de Nicée (= *FHG* IV p. 436 F 7), *apud* Sotion, 8 confirment la hauteur des projections quoique les deux premiers glisseraient des éléments gréco-orientaux dans leur description (E. MANNI, *Divagazioni*, 1983, p. 180 : *cf. infra* n° 23). K. ZIEGLER, *Palikoi*, 1949, col. 105-106 et FR. LASSERRE, *Strabon III*, 1967, p. 168 n° 2 précisent que ces émissions d'eau — fruits de l'imagination populaire selon G. GLOTZ, *Palici*, 1887, p. 284 — étaient encore observables en 1894. Relevons simplement que les φέρεται (deux fois) et φασίν utilisés par Polémon (= *FGrH* 140 F 83), *apud* Macr., *Sat.*, V, 19, 26-27 laissent penser que la verve locale en avait exagéré l'importance : des réserves de ce type trahissent d'ordinaire la prudence ou les doutes des Anciens sur la valeur des informations transmises (J. POUCET, *Origines*, 1985, pp. 39-40).

[23] Diod., XI, 89, 5; Ps-Arist., *Mir.*, 57; Strab., VI, 2, 9; Isigone de Nicée (= *FHG* IV p. 436 F 7), *apud* Sotion, 8. Les eaux recueillies étaient-elles celles d'un double *lacus* (Macr., *Sat.*, V, 19, 19-21 qui, selon I. LÉVY, *Dieux siciliens*, 1899, p. 257 n° 3, utiliserait un terme inadéquat), d'une κρήνη (Isigone de Nicée [= *FHG* IV p. 436 F 7], *apud* Sotion, 8; Ps-Arist., *Mir.* 57; Théophilos [= *FGrH* 573 F 1], *apud* Stéph. Byz., *s.v°* Παλική p. 496, 9) — terme

La faune pâtissait surtout de l'atmosphère méphitique où sombrait l'endroit[24] : à ce que l'on dit, des cadavres de petits animaux foudroyés jonchaient parfois les rives de ces nappes d'eau, les oiseaux évitaient de les survoler et les bovidés qui s'y aventuraient s'en détournaient rapidement, la respiration altérée[25]. Mais les hommes n'étaient pas épargnés pour autant : de violentes encéphalites gagneraient ceux qui auraient inhalé ces vapeurs nocives[26], certains seraient même morts d'asphyxie

---

dont la racine marque un écoulement agité convenant parfaitement au statut des eaux décrites mais qui pourrait tout aussi bien résulter d'une illusion d'optique : E. MANNI, *Divagazioni*, 1983, p. 181 — , de plurielles πηγάς (Lykos de Rhégion (= *FGrH* 570 F 11 a), *apud* Antigone de Carystos, *Hist. mir.*, 159; Diod., XI, 89, 2) qui se marient bien avec le thème du χάσμα (H. PODBLIESKI, *Chaos*, 1986, pp. 261-262 + *cf. infra* pp. 58-59 + n° 187) ou de *stagna* (Ov., *Pont.*, II, 25 que J. ANDRÉ, *Ovide*, 1977, p. 74 rend par un singulier)? Et le passage où Ov., *Mét.*, V, 405-406 juxtapose les pluriels *lacus* et *stagna* sans contrainte métrique ne simplifie rien. Soucieux d'éclairer la liaison de cette eau protéiforme aux vasques qu'elle gonfle, E. MANNI, *Divagazioni*, 1983, pp. 181-182 circonscrit le problème à l'influence d'une équation posée entre les κρατῆρες et des *lacus* décrits tantôt comme κρήνη tantôt comme πηγάς, tout en admettant que des mutations dues à la nature volcanique du site pouvaient provoquer pareille confusion lexicale (*cf. supra* p. 15 n° 14) : de toute façon, G. CASTELLANA, *Origine*, 1981, p. 236 — reprenant la nomenclature de L. BELLO, *Ricerche*, 1960, p. 71 — rapporte aux Paliques tout culte sicilien relatif à des κρατῆρες, des *stagna* ou une κρήνη. À l'appui de parallèles établis en Asie Mineure, en Illyrie, au Péloponnèse et en Gaule méridionale, J.H. CROON, *Palici*, 1952, pp. 120-123 pense avoir affaire à des sources chaudes, même si certaines dépositions refroidissent la température de l'eau (*cf. supra* p. 16 n° 19).

[24] *Cf.* A. MEURANT, *Idée de gémellité*, 1996, p. 16 n° 16. Ov., *Mét.*, V, 406; *Pont.*, II, 10, 25 connaissait encore la puissance de ces effluves nauséabondes pour avoir séjourné sur place «*labentis pars anni magna*» en compagnie de Licinius Macer vers 25 a.C.n. (Ov., *Pont.*, II, 10, 21-31; *Tr.*, I, 2, 77-78 : K. ZIEGLER, *Palikoi*, 1949, col. 102 et J. ANDRÉ, *Ovide*, 1977, pp. XXIII-XXIV; pour sa part J. SCHWARTZ, *Pompeius Macer*, 1951, pp. 182-194 préfère situer cette visite en 20 a.C.n.). L. BLOCH, *Palikoi*, 1897-1902, col. 1283 pense que leur importance était surfaite d'autant que le phénomène ne retient même pas l'attention de Macr., *Sat.*, V, 19, 18-23. Il échappe aussi à d'autres portraits du site — ceux de Callias (= *FGrH* 564 F 1), *apud* Macr., *Sat.*, V, 19, 25; Ps-Arist., *Mir.*, 57; Théophilos (= *FGrH* 573 F 1), *apud* Stéph. Byz., *s.v°* Παλική p. 496, 9; Isigone de Nicée (= *FHG* IV p. 436 F 7) *apud* Sotion, 8 et Strab., VI, 2, 9 — ainsi qu'à toutes les contributions à vocation mythique ou rituelle (Esch. [= F6 Nauck-Snell], *apud* Macr., *Sat.*, V, 19, 24; Esch. [= F7 Nauck-Snell] et Silénos [= *FGrH* 175 F3], *apud* Stéph. Byz., *s.v°* Παλική p. 496, 9; Xénagoras [= *FGrH* 240 F 21] *apud* Macr., *Sat.*, V, 19, 30; Verg., *Aen.*, IX, 581-585; Serv., *ad Aen.*, IX, 581; Sil. Ital., XIV, 219-220; Clem. Rom., *Recogn.*, X, 22; *Hom.*, V, 13; Hésych., *s.v°* Παλικοί; *Myth. Vat.*, I, 187; II, 57).

[25] Lykos de Rhégion (= *FGrH* 570 F 11 a), *apud* Antigone de Carystos, *Hist. mir.*, 159 signale que les plus téméraires mouraient sur-le-champ.

[26] Polémon (= *FGrH* 140 F 83), *apud* Macr., *Sat.*, V, 19, 26.

dans les trois jours[27]. La toxicité des eaux passe parfois pour égaler celle de leurs émanations gazeuses : ce douteux liquide tue alors en quarante-huit heures ceux qui se risquent à y tremper les lèvres[28].

b. Une naissance à double volet

Faute de pouvoir cerner les causes de ces inquiétantes activités naturelles, la logique archaïque voua donc le site aux *di Palici*[29] dont voici le récit de la fabuleuse naissance. Sur les rives du Symèthe, dans un de ces débordements amoureux dont il est friand, Zeus abuse d'une nymphe sicilienne[30] nommée tantôt Thalia[31], tantôt Aetna[32] : leur étreinte illégiti-

---

[27] Lykos de Rhégion (= *FGrH* 570 F 11 a), *apud* Antigone de Carystos, *Hist. mir.*, 159 alors que, selon Hippys de Rhégion (= *FGrH* 14 F 5), *apud* Antigone de Carystos, *Hist. mir.*, 121, celui qui s'étendait au bord des cratères courait plus de risque que le simple promeneur.

[28] Lykos de Rhégion (= *FGrH* 570 F 11 b), *apud* Plin., *N.H.*, XXXI, 19, 27 : K. ZIEGLER, *Palikoi*, 1949, col. 103, imputant le trépas par asphyxie à une lecture erronée de Lykos de Réghion par Antigone, semble privilégier cette version sans relever qu'Orib., V, 3, 29 — comme Pline l'Ancien mais sans fixer de repère temporel — concède les mêmes nuisances à une ὕδωρ ἐν Λεοντίνοις. Pour E. MANNI, *Divagazioni*, 1983, p. 179, cette méprise — grosse d'une exagération sans doute naturelle au chasseur de *mirabilia* qu'était cet Antigone — modifie seulement la forme donnée à la puissance meurtrière des eaux décrites. Ces sinistres délais intéressent aussi P. FABRE, *Grecs*, 1981, p. 253.

[29] La tradition exprime leur divinité avec une intensité nuancée : ainsi sont-ils tantôt des θεοί (Polémon [= *FGrH* 140 F 83], *apud* Macr., *Sat.*, V, 19, 26; Diod, XI, 88, 6-89, 1) auxquels répond le latin *dei/di* chez Macr., *Sat.*, V, 19, 16; Serv., *ad Aen.*, IX, 581 et Varr., *apud* Serv., *ad Aen.*, IX, 581), des δαίμονες (Polémon [= *FGrH* 140 F 83], *apud* Macr., *Sat.*, V, 19, 29 à quelques lignes d'intervalle de sa première désignation; Stéph. Byz., *s.v°* Παλική p. 496, 9) ou des ἥρωες (Diod., XXXVI, 7, 1 modifiant également le statut divin dont il les parait auparavant) : L. BELLO, *Ricerche*, 1960, p. 71 et K. ZIEGLER, *Palikoi*, 1949, col. 123 qui hésite à les ranger dans la première ou la troisième catégorie.

[30] Pour la circonstance, le divin souverain adopte parfois l'apparence d'un vautour (Clem. Rom., *Recogn.*, X, 22; Hom., V, 13) : E. MANNI, *Divagazioni*, 1983, p. 184 y reconnaît les séquelles d'un célèbre mythologème sicane et sicule. Suite à une confusion, les auteurs que recueille Serv. Dan., *ad Aen.*, IX, 581 sans les nommer s'inspirent peut-être de cette métamorphose pour avancer qu'un des rejetons joviens échappe à Héra sous la forme d'un aigle (*cf. infra* pp. 42-43 + n° 140).

[31] La proie du désir jovien est alors fille d'Héphaistos : Eschyl. (= F 7 Nauck-Snell), *apud* Stéph. Byz., *s.v°* Παλική p. 496, 9; Macr., *Sat.*, V, 19, 18 (qui aurait transcrit son information d'un commentaire et non du texte d'Eschyle : E. MANNI, *Divagazioni*, 1983, p. 180); Serv. Dan., *ad Aen.*, V, 581. Longuement étudiée par A.-FR. LAURENS, *Hébé*, 1992, pp. 158-166, cette tradition — que mentionne aussi rapidement FR. FRONTISI-DUCROUX, *Grecs*, 1992, p. 242 — trouve grâce au yeux de M. DELCOURT, *Héphaistos*, 1957, pp. 189-

me engendre deux rejetons exposés au courroux d'Héra. Mais la seconde peut tout aussi bien les concevoir d'Héphaistos[33], sans doute l'équivalent grec du local Adranos[34]. De toute façon, la paternité des Paliques incom-

---

190 car, comme Érichthonios, les Paliques sortent de terre et Thalia est une Corè proche de Charis et Pandore (*cf. infra* p. 57 n° 185). Plusieurs conjectures se sont épuisées à décrypter le sens de ce nom qui découlerait de celui des Δέλλοι (*cf. infra* pp. 38-41), du θαλλός rituel qui apparaît chez Polémon (= *FGrH* 140 F 83), *apud* Macr., *Sat.*, V, 19, 28 (*cf. infra* pp. 23-24), voire de la mutilation d'un synonyme d'Aetna (K. ZIEGLER, *Palikoi*, 1949, col. 118). Faudrait-il vraiment poursuivre sur cette voie que nous préférerions l'aiguiller vers θάλλειν («fleurir, verdoyer»), mieux adapté à l'expression de l'élan vital inhérent à l'essence gémellaire promise aux Paliques. Et si l'auteur de l'*Orestie* est le premier à évoquer ces divinités, cela n'implique pas nécessairement, comme le croient K. ZIEGLER, *Palikoi*, 1949, col. 118; Q. CATAUDELLA, *Tragedie*, 1964-1965, p. 397; A. GARZYA, *Problema*, 1977, p. 405 et A. KOSSATZ-DEISSMANN, *Dramen*, 1978, pp. 35, 41 et 44, qu'il ait lui-même forgé cette ascendance où les structures mythologiques grecques phagocytent des divinités colonisées (grâce à un mécanisme peut-être proche de celui que s'efforce de démonter P. FABRE, *Grecs*, 1981, pp. 253-254) : il peut tout aussi bien se contenter de relayer, après l'avoir ajustée à son propos, une tradition grecque élaborée avant lui au moyen de certaines informations recueillies sur place (Hippys de Rhégion [= *FGrH* 14 F 3], *apud* Antigone de Carystos, *Hist. mir.*, 121 suggère d'ailleurs, bien antérieure à la composition d'Eschyle, la vitalité d'un culte local qu'il est difficile d'imaginer dénué de tout cadre mythique : E. GRASSI, *Papyrologica*, 1956, p. 209; A. BRELICH, *Religione*, 1964-1965, pp. 37-38; E. MANNI, *Divagazioni*, 1983, pp. 176 et 184).

[32] Qui serait cette fois fille d'Okéanos (Silénos [*FGrH* 175 F 3], *apud* Stéph. Byz., *s.v°* Παλική p. 496, 9) ou de l'hécatomchire Briarée, le geôlier occidental de Cronos et des Titans (selon P. FABRE, *Grecs*, 1981, p. 253 qui occulte sa source : Cymopolée, une autre enfant du dieu pélasgique [Hés., *Théog.*, 817-819], pourrait alors être sa mère). Cette référence paternelle manque chez Serv., *ad Aen.*, IX, 581; *Myth.Vat..*, I, 187; II, 57 et Lac. Plac., *Comm. in Stat. Theb.*, XII, 156. Chez Clem. Rom., *Recogn.*, X, 22, les deux prétendantes fusionnent sous les traits d'une transparente Thalia Aetna à laquelle Hom., V, 13 substitue une énigmatique Ἐρσαίου νύμφη (où L. BLOCH, *Palikoi*, 1897-1902, col.1293 invite — sans persuader K. Ziegler, *Palikoi*, 1949, col. 1293 — à lire un Ἡφαίστου qui nous ramènerait à la figure précédente).

[33] Dans ce cas d'espèce (FR. FRONTISI-DUCROUX, *Grecs*, 1992, p. 242), Aetna est toujours leur mère. Ce géniteur de substitution apparaît chez Silénos (= *FGrH* 175 F 3), *apud* Stéph. Byz., *s.v°* Παλική p. 496, 9 et, sous les traits latins de Vulcain, dans une variante anonyme de Serv. Dan., *ad Aen.*, IX, 581 relative à un Palique isolé (*cf. infra* pp. 42-44). Si L. BLOCH, *Palikoi*, 1897-1902, col. 1294 reproche à cet auteur sicilien originaire de Calatta (E. MANNI, *Divagazioni*, 1983, p. 184) d'avoir tressé une savante conjecture fondée sur la genèse des Cabires (parfois proches des Paliques : *cf. infra* pp. 41-45, 54 n° 173 et 63 n° 211), K. ZIEGLER, *Palikoi*, 1949, col. 119 le suspecte plutôt d'avoir amélioré la coloration volcanique de la version d'Eschyle.

[34] Selon C. JOURDAIN-ANNEQUIN, *Grec*, 1988-1989, p. 150 et EAD., *Leucaspis*, 1992, p. 142 qui reprend en grande partie EAD., *Héraclès*, 1989, p. 287, les Grecs ont nommé Héphaistos ou Zeus la pluridimensionnelle figure d'Adranos, à la fois «'maître de l'Etna', dieu guerrier, dieu des enfers, maître des entrailles tumultueuses de la terre». Cher au cœur de toute la Sicile, ce célèbre dieu indigène aux reflets chtoniens dont mille chiens gardaient le

be toujours à une divinité liée d'une manière ou d'une autre à la maîtrise du feu : évidente pour Héphaistos, cette connexion se consolide chez Zeus par le truchement de son union avec la fille du précédent. Un peu comme si cet habile stratagème compensait l'éviction du candidat naturel suite à une manipulation sur laquelle nous reviendrons bientôt[35].

Toutefois, leurs rédactions respectives séparent nettement ces paternités concurrentes : d'une extrême sobriété (la stricte mention de son nom), l'évocation d'Héphaistos survit dans l'ombre du récit circonstancié souvent dédié à l'inconduite de Zeus. Voici, à peu de choses près, l'essentiel de la trame sur laquelle les textes brodent les retombées de cette foucade. Pour se soustraire aux représailles d'Héra, sa victime trouve refuge dans le monde souterrain, de sa propre initiative[36] ou à la requête de son suborneur[37]. Au terme de sa grossesse,

---

temple (Ael., XI, 20; Plut., *Timol.*, 12; Diod., XIV, 37 augmentés des commentaires de L. BLOCH, *Palikoi*, 1897-1902, col. 1294-1295; A. BRELICH, *Religione*, 1964-1965, p. 39 pour qui ce trait connaît des parallèles grecs qui en démentent le caractère indigène; T.J. DUNBABIN, *Western Greeks*, 1968, p. 336; G. CASTELLANA, *Origine*, 1981, p. 239) n'est impliqué que chez Hésych., *s.v°* Παλικη : couplé à sa qualité de «signore dell'Etna» (E. MANNI, *«Indigeni»*, 1976, p. 210), le feu perpétuel qu'abritait son enceinte (si Ael., XI, 3 et XI, 20 attribuent bien le même bâtiment aux deux divinités confondues) l'aurait assimilé à Héphaistos (E. MANNI, *Sicilia pagana*, 1963, p. 173; T.J. DUNBABIN, *Western Greeks*, 1968, pp. 132 et 176; A.L. PROSDOCIMI, *Religioni*, 1971, p. 720), la lance qu'il y brandirait à Arès (Plut., *Timol.*, 12 : L. BLOCH, *Palikoi*, 1897-1902, col. 1295; L. BELLO, *Ricerche*, 1960, pp. 87-88 qui le rapproche alors du *Sardus Pater* et R. FLACELIÈRE, *Plutarque IV*, 1966, p. 28 n° 1). Les affinités nécessaires à une identification avec Zeus (dont certaines monnaies de Messine gardent peut-être la trace : J. HEURGON, *Culti*, 1972, p. 67) étaient déjà perceptibles à I. LÉVY, *Dieux siciliens*, 1899, pp. 272-273 et 275-277. Dans le mouvement, le maître de l'Olympe aurait hérité de la paternité des Paliques : *cf. infra* pp. 82-87 où nous verrons que cette transmission suit un cheminement plus complexe. Disons déjà que K. ZIEGLER, *Palikoi*, 1949, col. 120 défend l'idée d'une légende grecque progressivement siculisée. À l'inverse de M. DELCOURT, *Héphaistos*, 1957, pp. 189-190 qui pense, avec P. FABRE, *Grecs*, 1981, pp. 253-254 et E. MANNI, *Divagazioni*, 1983, p. 184 qu'il pourrait s'agir du plus ancien état d'une généalogie locale ensuite partiellement hellénisée. Quant à C.H. OLDFATHER, *Diodorus IV*, 1954, p. 117 n° 2, il s'en tient — sans autre commentaire — à en faire le père putatif des Paliques.

[35] *Cf. infra* pp. 73-75. P. FABRE, *Grecs*, 1981, p. 254 admet implicitement le transfert de ce substrat igné d'Adranos à Thalia.

[36] Macr., *Sat.*, V, 19, 18; Lact. Plac., *Comm. in Stat. Theb.*, XII, 156.

[37] *Myth. Vat.*, I, 187. Serv., *ad Aen.*, IX, 581 et *Myth. Vat.*, II, 57 rapportent les deux variantes. Parfois cette protection ne s'applique qu'aux nourrissons. Ajoutons que les circonstances de cette disparition salutaire cadrent parfaitement avec la vocation chtonienne de l'île, surtout lorsque Aetna, la déesse du volcan sicilien, s'y trouve mêlée : au plan physique, les phénomènes volcaniques d'intensité variable se multiplient sur un territoire où la légende situe les résidences de Typhée et des Cyclopes comme le rapt de Perséphone (*cf. infra* p. 57 n° 185). La référence à ce célèbre mythe agricole rappelle fort à propos la paradoxale coha-

la terre rouvre ses flancs et propulse les rejetons joviens à l'air libre[38] : chez Eschyle, cette aventure inspire une étymologie tronquée ($\pi\acute{\alpha}\lambda\iota\nu$ ἥκειν[39] : «ceux qui venaient sur terre pour la seconde fois»)[40]. Tels sont

---

bitation de polarités antinomiques, la mort et l'élan vital, au cœur de cette faune infernale. Or, la gémellité fabuleuse participe, à sa manière, de la même ambiguïté : en théorie, elle peut indifféremment dispenser calamités ou abondance aux populations qu'elle touche (*cf.* A. MEURANT, *Idée de gémellité*, 1996, pp. 23-24, 55-56).

[38] Sans vraiment convaincre, ce récit fut parfois réduit à un mythe de résurrection élaboré à basse époque (I. LÉVY, *Dieux siciliens*, 1899, pp. 267 et 274 sur base de Silénos [= *FGrH* 175 F 3], *apud* Stéph. Byz., *s.v°* Παλική p. 496, 9 : διὰ τὸ ἀποθανόντας πάλιν εἰς ἀνθρώπους ἱκέσθαι, sans que le lexicographe précise s'il tire ce renseignement des deux informateurs qu'il vient de citer, Eschyle et Silénos, d'un seul d'entre eux ou d'autres témoins) ou à un calque de la conception de Tityos, un autre bâtard de Jupiter (*cf. infra* pp. 82-88).

[39] Eschyl. (= F 6 Nauck-Snell), *apud* Macr., *Sat.*, V, 19, 24 avec le commentaire fouillé d'A. GARZYA, *Problema*, 1977, pp. 404-409. Le renseignement se retrouve chez Serv., *ad Aen.*, IX, 581. De toute façon, la haute antiquité des Paliques invite à accueillir avec scepticisme cette interprétation comme toute autre tentative issue du grec (G. PUGLIESE CARRATELLI, *Santuari*, 1962, p. 242; ID., *Culti*, 1965, p. 13; A. BRELICH, *Religione*, 1964-1965, p. 38 et Q. CATAUDELLA, *Tragedie*, 1964-1965, p. 397), telle l'éventuelle parenté avec φαλλός que défendait G.FR. CREUZER, *Symbolik III*, 1860, pp. 815-817. Un faisceau d'hypothèses aussi stériles sortit de l'imagination de chercheurs décidés à dissiper l'obscure identité de ces divinités locales en sollicitant d'autres aires linguistiques. D'une part, les adeptes d'un ancrage latin : que ce soit le prolongement d'une racine *pala* («la pelle») qui fait des Paliques «ceux de la cavité» (J. HUBSCHMID, *Wortschichten*, 1950, pp. 66-72) ou de douteux rapprochements avec Palès en direction du grec πάλλαξ «jeune homme» (FR. ALTHEIM, *Geschichte*, 1951, pp. 22 et 57 répercuté par O. PARLANGÈLI, *Sostrato*, 1964-1965, p. 239; G. RADKE, *Götter*, 1965, pp. 243-245 et M. YORK, *Romulus*, 1988, pp. 169-170 n° 33). De ces deux options V. PISANI, *Sostrati*, 1954, pp. 4-5 et L. BELLO, *Ricerche*, 1960, pp. 91-92 réfutent la première alors que la seconde se trouve battue en brèche chez R. SCHILLING, *Place*, 1964-1965, p. 264. Ce dernier réserve le même sort aux solutions ébauchées par E. PAIS, *Sicilia I*, 1933, p. 113 à partir de Pelicus, héros éponyme des Péligniens et K. ZIEGLER, *Palikoi*, 1949, col. 122 — avec l'accord mitigé de J.H. CROON, *Palici*, 1952, pp. 119, 125-126 — au gré d'une racine *pal* censée illustrer l'aspect grisâtre des étangs. D'autre part, les partisans d'une matrice sémitique פלד «fendre, diviser», compatible avec le séjour de nos dieux (G. GLOTZ, *Palici*, 1887, p. 284; I. LÉVY, *Dieux siciliens*, 1899, pp. 269-271 sans persuader J.H. CROON, *Palici*, 1952, p. 119; L. BELLO, *Ricerche*, 1960, p. 90 et R. SCHILLING, *Place*, 1964-1965, pp. 124-125). Certains avancèrent aussi que le nom des Paliques était de vieille souche sicule, voire sicane (H.J. CROON, *Palici*, 1952, p. 126 par le biais d'une alternance *pal/*pel qui en ferait les «Bouillants» et O. PARLANGÈLI, *Sostrato*, 1964-1965, p. 239) : quoique R. SCHILLING, *Place*, 1964-1965, p. 263 refuse de légitimer leurs positions, C. BATTISTI, *Sostrati*, 1959, pp. 34, 137, 27; L. BELLO, *Ricerche*, 1960, pp. 89-97 et les références citées par sa note 94 p. 91 défendent une base méditerranéenne *pala/*palla dont la variante *pela désigne la «roche nue et escarpée». Paradoxalement, les Paliques deviennent alors «ceux de la hauteur», qui pourrait être la Rocchinella distante de 2 km du Lago di Naftia (L. BELLO, *Ricerche*, 1960, pp. 95-96; D. ADAMESTEANU, *Ellenizzazione*, 1962, pp. 175-178; G.V. GENTILI, *Cinturone*,

---

les faits saillants du seul épisode connu de la biographie des Paliques : le contexte mouvementé de leur naissance merveilleuse. L'artifice de l'ascension finale permettait sans doute aux Anciens, déroutés face à l'importance du phénomène, de conférer une cause surnaturelle aux inquiétantes activités qui faisaient la notoriété des cratères où elles étaient observées. Associés à ce site exceptionnel, les *Palici* gèrent une palette de compétences qui leur valent, au plan national, une haute autorité morale : non contents de rendre des sentences sous forme d'ordalies où primait la validité du serment, ils s'employaient encore à garantir la sécurité des esclaves fugitifs et à prononcer de pertinents oracles appréciés pour ramener la fertilité. Détaillons quelque peu l'étendue et le fonctionnement de ces attributions.

c. La validation des serments

Et d'abord les règles de l'épreuve de vérité, la principale ressource de leur culte[41], plus proche du «jugement de Dieu» pratiqué au Moyen Âge

---

1962, pp. 14-16, 19; FR. LASSERRE, *Strabon III*, 1967, p. 166 et KL. MEISTER, *Palikoi*, 1972, col. 426 + *cf. supra* p. 14 n° 7). Liées au *caelum* latin, les variantes **bala* et **fala* du même **pala* inspirent à G. Alessio une suggestion orale adressée à R. SCHILLING, *Place*, 1964-1965, pp. 284-286 (avec la réponse prudente de l'intéressé) : nos dieux y deviennent les *Caelestes*. Face à cette foison de conjectures hétérogènes, R. SCHILLING, *ibid.*, p. 265 préfère conclure au *non liquet*.

[40] À l'aide des termes *«bis geniti»* («ceux qui sont nés deux fois»), Lact. Plac., *Comm. in Stat. Theb.*, XII, 156 et *Myth. Vat.*, II, 57 nuancent légèrement cette interprétation. K. ZIEGLER, *Palikoi*, 1949, col. 120 et J.H. CROON, *Palici*, 1952, p. 119 en refusent l'idée alors que M. GRANT-J. HAZEL, *Who's who*, 1975, p. 307 et P. GRIMAL, *Dictionnaire*, 1976, p. 338 étendent le champ de l'expression à la notion de «revenants» dont K. ZIEGLER, *Palikoi*, 1949, col. 119-121 en reprochait déjà l'utilisation à L. BLOCH, *Palikoi*, 1897-1902, col. 1290.

[41] Conservées par Diod., XI, 89, 5-6; Polémon (= *FGrH* 140 F 83, *apud* Macr., *Sat.*, V, 19, 28-29; Ps-Arist., *Mir.*, 57; Sil. Ital., XIV, 219-220; Isigone de Nicée (= *FHG* IV p. 436 F 7), *apud* Sotion, 8 et Macr., *Sat.*, V, 19, 19-21. L. BELLO, *Ricerche*, 1960, pp. 81-89 analyse en profondeur cette procédure dont les grandes lignes appellent les réflexions de J.H. CROON, *Palici*, 1952, pp. 118-120; P. FABRE, *Grecs*, 1981, p. 253 qui prétend en déduire l'irascible tempérament des Paliques (*cf. infra* pp. 23-25, 31-33 et 51-52) et E. MANNI, *Divagazioni*, 1983, p. 181. Selon G. CASTELLANA, *Origine*, 1981, pp. 238-240, l'aire sud-orientale de la Sicile abriterait d'autres pratiques judiciaires aussi rudimentaires : dans la banlieue d'Agrigente, un sarment de vigne approché d'un lac bitumeux pouvait s'embraser spontanément (Solin., V, 22-23); dans la cité sicane de Mytistraton, une source se couvrait de vapeurs le jour et de flammes la nuit (Lykos de Rhégion [= *FGrH* 570 F 9], *apud* Antigone de Carystos, *Hist. mir.*, 139); au bord d'un étang proche d'Adrano, les honnêtes gens pouvaient caresser sans risque

que d'une manœuvre rituelle apte à purifier un groupe humain souillé au contact d'un être impur[42]. Quand deux parties voulaient régler quelque différend[43], elles gagnaient les rives sacrées[44] qu'il fallait fouler en état d'excellence, exempt de toute souillure charnelle ou alimentaire[45], coiffé d'une couronne, en tunique dénouée et un rameau à la main[46]. Le détail du protocole varie selon les documents consultés : si certains auteurs confirment cette activité juridique basée sur l'évaluation de la parole donnée[47] sans s'étendre sur les moyens mis en œuvre pour y parvenir[48],

---

une flamme qui consumait les scélérats (Gratt., *Cynég.*, 430-460). Fort de ces analogies, D. ADAMESTEANU, *Ellenizzazione*, 1962, pp. 177, 179-180 voit dans la topographie régionale, qui fait converger vers le Lago di Naftia tous les embranchements de son circuit routier, une preuve suffisante pour que le sanctuaire des Paliques apparaisse comme le siège le plus prestigieux d'un rituel préitalique.

[42] À l'encontre de ce que croyait E. CIACERI, *Culti*, 1911, p. 26 justement corrigé par L. BELLO, *Ricerche*, 1960, p. 81.

[43] Seul Macr., *Sat.*, V, 19, 20 applique cette licence aux affaires de vols ou assimilées. Débouté par K. ZIEGLER, *Palikoi*, 1949, col. 111, L. BLOCH, *Palikoi*, 1897-1902, col. 1285 récuse le déroulement de la cérémonie du serment fourni chez Macrobe et plus particulièrement ce détail qu'il aurait emprunté au folklore sarde : *cf. infra* p. 25 n° 57. De leur côté, M. GRANT-J. HAZEL, *Who's who*, 1975, p. 307 étendent la juridiction des Paliques à toute affaire criminelle, au sens le plus large du terme. Sans réduire ce vaste domaine d'arbitrage, Isigone de Nicée (= *FHG* IV p. 436 F 7) *apud* Sotion, 8 et Diod., XI, 89, 6 limitent leurs interventions aux affaires majeures.

[44] Hormis Diod., XI, 89, 5 où l'événement survient à un point imprécis du τέμενος, les textes qui mentionnent le fait parlent tous d'un plan d'eau ou d'un cratère singulier (Macr., *Sat.*, V, 19, 21; Polémon [= *FGrH* 140 F 83], *apud* Macr., *Sat.*, V, 19, 28; Ps- Arist., *Mir.*, 57; chez les Modernes, P. PELAGATTI, *Palikè*, 1966, p. 106; J. SCHMIDT, *Dictionnaire*, 1978, p. 232 et M.I. FINLEY, *Ancient Sicily*, 1979, p. 14 font de même) : cela signifie-t-il que l'un d'eux s'était évaporé sous l'action du temps ou que ce moment de vérité ne concernait qu'un des cratères? Il est bien difficile de trancher, d'autant que la seconde option exigerait de justifier l'élection d'un lac au détriment de l'autre. Sur le délicat problème du nombre de bassins, *cf. supra* p. 16 n° 23 et *infra* pp. 40-41 et 44-45.

[45] Polémon (= *FGrH* 140 F 83), *apud* Macr., *Sat.*, V, 19, 26. Sans que cela nuise à cette position, Macr., *Sat.*, V, 19, 20 étend cette obligation aux deux personnes impliquées dans le débat.

[46] Tel est du moins l'accoutrement que décrit Polémon (= *FGrH* 140 F 83), *apud* Macr., *Sat.*, V, 19, 28.

[47] Sur les règles régissant la prestation de serment en milieu grec et leur association à des rites sacrificiels qui en renforcent l'efficacité, voir par exemple J. RUDHARDT, *Notions*, 1958, pp. 202-282; A.J. FESTUGIÈRE, *Religion*, 1960, p. 493; W. BURKERT, *Homo necans*, 1983, pp. 35-36; D. AUBRIOT-SEVIN, *Prière*, 1992, pp. 374-385.

[48] Diod., XI, 89, 5-6; Macr., *Sat.*, V, 19, 19-21; Isigone de Nicée (= *FHG* p. 436 F 7), *apud* Sotion, 8.

d'autres s'y appliquent sans se recouper. Parfois l'ὁρκωτής récite au bord de l'eau une formule rituelle d'après une tablette que lui ont confiée les officiels[49], sans doute des prêtres[50], chargés de veiller à la régularité des opérations. Il lui arrive aussi de lancer à l'eau la tablette gravée de son serment[51] : sa loyauté était attestée quand elle flottait; en revanche, le naufrage de l'envoi trahissait sa perfidie[52]. Quelle que soit la technique privilégiée, les Paliques frappaient les parjures d'une sanction

---

[49] Polémon (= *FGrH* 140 F 83), *apud* Macr., *Sat.*, V, 19, 28 : Οἱ δὲ ὁρκωταὶ γραμμάτιον ἔχοντες ἀγορεύουσιν τοῖς ὁρκουμένοις περὶ ὧν ἂν χρῄ-ζωσιν τοὺς ὅρκους que le compilateur des IVe/Ve siècles p.C.n. rend sans doute par «*a persona quae iuratura est de soluendo eo quod peteretur*» (Macr., *Sat.*, V, 19, 20 : voir E. MANNI, *Divagazioni*, 1983, p. 181).

[50] Certains Modernes mettent en doute la probité de ce clergé qualifié : prêts à tout pour asseoir leur autorité, ses membres auraient usé d'artifices pour augmenter le bouillonnement des eaux (L. BLOCH, *Palikoi*, 1897-1902, col. 1286 que repousse K. ZIEGLER, *Palikoi*, 1949, col. 104) et n'auraient pas hésité à piper les dés de l'ordalie (*cf. supra* p. 15 n° 13).

[51] Ps-Arist., *Mir.*, 57 : P. GRIMAL, *Dictionnaire*, 1976, p. 338; J. SCHMIDT, *Dictionnaire*, 1978, p. 232 et G. CASTELLANA, *Origine*, 1981, p. 240 ne retiennent que cette possibilité. Malgré l'opinion de L. BLOCH, *Palikoi*, 1897-1902, col. 1285, cette version ne contredit pas nécessairement celle de Polémon (K. ZIEGLER, *Palikoi*, 1949, col. 112). En rédigeant ses souvenirs de voyage, Paus., III, 23, 8-9 signale à Épidaure Limarès l'existence d'un étang sacré dans lequel certains rituels prescrivaient de jeter des gâteaux : le présage était favorable si les pâtisseries sombraient, négatif si elles flottaient (A. BRELICH, *Religione*, 1964-1965, p. 38 y adjoint d'autres cas similaires situés en Asie Mineure). Il est bien difficile de décider s'il y a là quelque rapport avec le cérémonial observé près des pentes occidentales de l'Etna. Dans le même ordre d'idée, rien n'autorise C. JOURDAIN-ANNEQUIN, *Leucaspis*, 1992, p. 143 à rapprocher ces immersions de celles réalisées au lac Cyané, sinon d'hypothétiques relations du mythe des Paliques avec celui de Perséphone (*cf. infra* pp. 57-58 + n° 185).

[52] On se demande d'ailleurs comment les inculpés échappaient aux désastreux effets des vapeurs ambiantes. E. MANNI, *Divagazioni*, 1983, pp. 181-183 suppose que ces témoignages contradictoires transmettent en fait deux moments d'un arbitrage dont l'évolution des mœurs aurait adouci les modalités d'application : à l'époque reculée que décrirait Polémon, la période d'exposition de l'homme jaugé dépendait de la longueur du libellé remis par les prêtres qui rendaient la justice au nom de leurs dieux (J.H. CROON, *Palici*, 1952, p. 118 semble privilégier cette piste). La consigne supplémentaire daterait du moment où les progrès de la civilisation abolirent la cruauté du procédé : on se contentait alors de s'enfuir après avoir jeté à l'eau une tablette dont la densité dépendait d'un tirage au sort manipulé par un clergé toujours prêt à s'instaurer en juge de paix (avec l'accord tacite de J.H. CROON, *Palici*, 1952, p. 118 n° 4, K. ZIEGLER, *Palikoi*, 1949, col. 112-114 hésite à prendre l'information au sérieux, tout en acceptant le recours aux tablettes flottantes). En tout cas, cette planchette passe, aux yeux de L. BLOCH, *Palikoi*, 1897-1902, col. 1286 pour l'évident substitut d'une victime humaine autrefois sacrifiée : *cf. infra* pp. 31-33.

aussi soudaine qu'implacable[53]. Sa nature n'est pas toujours précisée[54], mais ils pouvaient être engloutis[55], embrasés[56] ou perdre la vue[57]. Avant

---

[53] L. BELLO, *Ricerche*, 1960, p. 86 laisse entendre qu'elle pouvait varier en fonction de la faute commise ou des individus impliqués. De son côté, I. LÉVY, *Dieux siciliens*, 1899, p. 274 pense que l'étymologie qu'Eschyle accolait aux Paliques (*cf. supra* p. 21 n° 39) colorait leur ἄ ν ο δ ο ς d'une périodicité qui les muerait en divinités redoutables toujours prêtes à surgir de leur abîme pour châtier le parjure.

[54] Avares de détails, Polémon (= *FGrH* 140 F 83), *apud* Macr., *Sat.*, V, 19, 29 et Sil. Ital., XIV, 219-220 signalent simplement qu'ils décédaient incontinent (ce qui était déjà le cas de certains animaux : *cf. supra* pp. 17-18). Un rien plus prolixe, Hippys de Rhégion (= *FGrH* 14 F 3) *apud* Antigone de Carystos, *Hist. mir.*, 121 affirme, sans référence à un quelconque serment, que le décès menaçait uniquement celui qui s'allongeait sur le sol. Des traces d'ordalies similaires sont perceptibles en Sardaigne et dans le nord-ouest de l'Afrique : L. BELLO, *Ricerche*, 1960, p. 88.

[55] Macr., *Sat.*, V, 19, 21 dont G. CASTELLANA, *Origine*, 1981, p. 240 donne une interprétation toute personnelle et, à mon sens, inexacte car mieux adaptée à Ps-Arist., *Mir.*, 57. Au niveau fonctionnel, il semble que cette punition cadre parfaitement avec l'utilisation de planchettes flottantes, si tant est qu'un rapport soit explicitement établi entre le geste posé et la sanction qui attend le parjure : D. AUBRIOT-SEVIN, *Prière*, 1992, p. 376 à l'appui d'une hypothèse d'É. BENVENISTE, *Noms d'agent*, 1948 dont la référence est incomplète. À tout prendre, cette immersion intégrale pratiquée dans d'autres rituels helléniques (L. GERNET, *Anthropologie*, 1968, pp. 112-119 et C. JOURDAIN-ANNEQUIN, *Grec*, 1988-1989, pp. 150-151; EAD., *Héraclès*, 1989, p. 287) pourrait n'être que l'*interpretatio Graeca* du châtiment divin qui s'abattait sur l'ὁ ρ κ ω τ ή ς qui voudrait mentir.

[56] Ps-Arist., *Mir.*, 57; Stéph. Byz., *s.v°* Πα λ ική p. 496, 9.

[57] Diod., XI, 89, 5 qui précise ainsi une sentence divine laissée précédemment dans le vague : parce qu'ils n'y opposent aucune alternative, P. GRIMAL, *Dictionnaire*, 1976, p. 338 et G. CASTELLANA, *Origine*, 1981, p. 240 semblent se satisfaire de ce tourment. En clair, qui ose se parjurer endure tantôt la peine capitale, tantôt la cécité : la critique interne des sources conduit à rapporter la première sanction à Hippys de Rhégion et la seconde à Antiochos. Il est toutefois possible que tous deux parlent vrai, mais que chacun consigne la situation de son époque, leur divergence révélant alors l'évolution d'un châtiment tempéré par la progressive régression de la sauvagerie primitive (*cf. supra* p. 24 n° 52). Rapportée aux affaires de vol communiquées par Macr., *Sat.*, V, 19,20 la cécité révélatrice semble transposer en Sicile ce que Solin., IV, 6 disait d'une source sarde salutaire pour les maladies oculaires et connue pour aveugler les criminels qu'elle confondait (E. MANNI, *Divagazioni*, 1983, p. 181) : si les deux récits peuvent dériver du même modèle légendaire ou s'être partiellement contaminés, K. ZIEGLER, *Palikoi*, 1949, col. 114-115 se garde toutefois d'appliquer aux Paliques les données recueillies en Sardaigne. À l'inverse de K.G. MICHAELIS, *Paliken*, 1856, p. 27 et L. BLOCH, *Palikoi*, 1897-1902 (le premier pensait carrément que les prêtres poussaient le parjure dans le cratère, le second que la mort provenait d'un station trop prolongée près du bord : *cf. supra* pp. 17-18), K. ZIEGLER, *Palikoi*, 1949, col. 113 refuse d'assimiler cette cécité à l'adoucissement d'un ancien sacrifice expiatoire. Les observations de J.H. CROON, *Palici*, 1952, p. 120; R. SCHILLING, *Place*, 1964-1965, p. 261 et E. MANNI, *Divagazioni*, 1983, pp. 181-182 (favorable à la déposition de Diodore), compléteront l'approche de ce délicat problème.

d'entamer la procédure, les maîtres de cérémonie exigeaient le versement d'une caution en argent liquide ou l'aval d'amis solvables. La somme fixée garantissait la purification des lieux qu'aurait souillés un châtiment divin venu dénoncer toute forme de duplicité[58].

d. Le souci de la détresse humaine

Outre qu'ils s'érigent en auxiliaires de justice, les Paliques assistent aussi les marins en difficulté et les opprimés, esclaves en rupture de ban ou victimes de l'impérialisme colonial, auxquels leur temple offre un centre de ralliement couvert par l'immunité de l'asylie[59]. Là, près de l'«autel de la miséricorde»[60], se réfugiaient les victimes de maîtres injustes et brutaux[61]. Faute de pouvoir les déloger de force, leurs propriétaires ne les récupéraient qu'après avoir juré d'humaniser leur comportement[62].

---

[58] Polémon (= *FGrH* 140 F 83), *apud* Macr., *Sat.*, V, 19, 29 et Ps-Arist., *Mir.*, 57. Macr., *Sat.*, V, 19, 20 croit plutôt que la somme déposée servait à dédommager la partie lésée, ce que contestent L. BLOCH, *Palikoi*, 1897-1902, col. 1287 et, sur un mode mineur, K. ZIEGLER, *Palikoi*, 1949, col. 112.

[59] On rapprochera ce lieu protégé de l'*asylum* destiné à l'accueil des indigents et des esclaves en fuite ouvert à Rome à l'initiative de son fondateur (voir A. MEURANT, *Idée de gémellité*, 1996, p. 95 n° 274). De manière plus générale, on rappellera la propension des jumeaux divins à fréquenter et à protéger les déshérités de l'espèce humaine (*ibid.*, pp. 94-95, 100-102). Bien que disposé à accepter cette corrélation, D. BRIQUEL, *Triple*, 1976, p. 173 n° 2 s'insurge contre J.H. CROON, 1952, pp. 126-127, enclin à taxer cet asile de développement tardif dû à l'influence hellénique (ce que croit aussi A. BRELICH, *Religione*, 1964-1965, p. 38) comme contre E. CIACERI, *Culti*, 1911, pp. 33-34 prêt à rattacher cette affinité servile à d'hypothétiques conflits historiques d'origine locale.

[60] Pour reprendre la formule que Verg., *Aen.*, IX, 585 inspirait à G. GLOTZ, *Palici*, 1887, p. 285.

[61] Convient-il de rapprocher ce privilège des fêtes instaurées par Hercule à Agyrion, dans l'hinterland de Leontinoi, à l'occasion desquelles les barrières instaurées entre maîtres et esclaves s'abolissaient momentanément? Sur la défensive, C. JOURDAIN-ANNEQUIN, *Leucaspis*, 1992, pp. 142-143 relève la correspondance tout en jugeant imprudent de confondre ce dérèglement social limité dans le temps avec le droit d'asile perpétuel délivré au τέμενος des Paliques.

[62] Diod., XI, 89, 6-8. E. MANNI, *Sicilia pagana*, 1963, pp. 179-180; ID., «*Indigeni*», 1976, pp. 210-211 et ID., *Divagazioni*, 1983, pp. 184-185 y perçoit l'influence d'une volonté de célébrer la fraternité humaine au cours de cérémonies qui, comme les Saturnales romaines, dissolvent pour un temps les rapports de soumission des esclaves à leurs maîtres. Cette furtive promiscuité n'était pas unique en Sicile où Diod., IV, 24, 4-6 décrit les thiases qui mêlaient *domini* et *serui* au cours d'un rituel initiatique dédié à Iolaos, un neveu d'Hercule (voir à ce

Mais il y a plus : le prestige religieux des Paliques évolua en influence politique et ce dès la seconde moitié du VIIe siècle a.C.n. qui vit le tyran Panaitios réclamer leur appui[63]. Qui plus est, la haute antiquité des Paliques auréole leur sanctuaire d'une *aura* digne de lui conférer l'allure d'un centre fédéral où convergent les révoltes décidées à secouer le joug des puissances colonisatrices[64]. Autorisant les rêves les plus fous, ces attrayantes perspectives laissent souffler sur le temple des Paliques un vent de liberté propre à attiser de profonds mouvements de libération dont la nostalgie reste gravée dans les cœurs. Deux de ces mouvements d'émancipation, ceux que fomentèrent Doukétios et Salvius, ont valeur historique quoique la nostalgie de la mémoire collective locale à l'égard de l'enthousiasme chaque fois soulevé ait pu en romancer la relation[65]. Leader au nom évocateur[66], le premier cherche à libérer ses compatriotes de la férule grecque : son audace et son charisme lui valent de devenir ὁ τῶν Σικελῶν ἡγεμών[67], puis ὁ τῶν Σικελῶν βασιλεύς[68], bref l'une des figures emblématiques de la Sicile antique. Au Ve siècle a.C.n., en lutte contre Catane, ce héros national entreprend de fonder une capitale sicule en transférant la population de Menai, sa ville natale, aux confins du territoire auquel les Paliques confèrent l'inviolabilité[69] : ainsi naquit

---

propos C. JOURDAIN-ANNEQUIN, *Grec*, 1988-1989, p. 151 et EAD., *Leucaspis*, 1992, pp. 142-143).

[63] Lequel avait obtenu la tyrannie, pendant une guerre avec les Mégariens, en soulevant les classes inférieures contre l'aristocratie de son pays : G. GLOTZ, *Palici*, 1887, p. 285; L. BLOCH, *Palikoi*, 1897-1902, col. 1283-1284; H. BERVE, *Tyrannis*, 1967, pp. 129-130, 593-594; E. MANNI, *Sémites*, 1974, p. 74; ID., *Divagazioni*, 1983, p. 176.

[64] H.J. CROON, *Palici*, 1952, p. 118; Q. CATAUDELLA, *Tragedie*, 1964-1965, pp. 396-397; A. GARZYA, *Problema*, 1977, p. 409 n° 21; A. KOSSATZ-DEISSMANN, *Dramen*, 1978, p. 44 et C. JOURDAIN-ANNEQUIN, *Grec*, 1988-1989, pp. 157-158; EAD., *Héraclès*, 1989, pp. 290-291; EAD., *Leucaspis*, 1992, p. 146.

[65] C. JOURDAIN-ANNEQUIN, *Grec*, 1988-1989, p. 143 suppose avec raison l'équivalence des charges idéologiques qui s'emparent de la mémoire locale au moment d'évoquer la fabuleuse figure de Kokalos et le souvenir de l'homme bien réel que fut le premier libérateur.

[66] À l'évidence, Δουκέτιος appartient au vocabulaire sicule : construit sur la base **deuk* = «conduire» (celle-là même qui donna le *ducere* latin), il peut — comme *dux* — découler d'un mot-racine consonantique ou — comme *ductor* — de la racine verbale (FR. ALTHEIM, *Geschichte*, 1951, p. 22; U. SCHMOLL, *Sprachen*, 1958, p. 89 et R. SCHILLING, *Place*, 1964-1965, p. 262).

[67] Diod., XI, 76, 3 auquel Diod., XI, 88, 6 supplée ὁ τῶν Σικελῶν ἀφηγούμενος.

[68] Diod., XI, 78, 5.

[69] L'examen détaillé de l'épopée de Doukétios (Diod., XI, 88, 6; 91-92; XII, 8; 29) a retenu l'attention de D. ADAMESTEANU, *Ellenizzazione*, 1962, pp. 167-198; A.G. WOODHEAD, *Greeks*, 1966, pp. 82-83; F.P. RIZZO, *Repubblica*, 1970, pp. 135-138; E. SJÖQVIST, *Sicily*, 1973, pp. 50-53; E. MANNI, *«Indigeni»*, 1976, pp. 200-210 et F. COARELLI-M. TORELLI, *Sicilia*, 1984, pp. 164-166. Pour une approche plus succincte, s'en remettre à FR. ALTHEIM,

Palikè, cité à l'essor aussi fulgurant qu'éphémère[70]. En 104 a.C.n., bravant l'occupant romain alors aux prises avec la deuxième guerre servile, c'est encore là qu'échoue la rébellion de Salvius[71] qui aurait tenu ses conseils de guerre dans l'enceinte même de ces divinités propices[72]. À chaque expédition victorieuse, ce fougueux insoumis les gratifiait d'un sacrifice d'action de grâces, quand il ne leur consacrait pas un de ses costumes pourpres. Il profite aussi des circonstances pour se proclamer roi sous le nom de Tryphon[73].

Italien, 1941, p. 63; K. ZIEGLER, *Palikoi*, 1949, col. 110; J.H. CROON, *Palici*, 1952, pp. 118-119; R. SCHILLING, *Place*, 1964-1965, pp. 261-262; E. MANNI, *Sicilia pagana*, 1963, pp. 173-175; T.J. DUNBABIN, *Western Greeks*, 1968, pp. 111, 119, 125, 151 et 406; J. HEURGON, *Rome*, 1969, p. 168; KL. MEISTER, *Sizilien*, 1969, pp. 66-69; A.L. PROSDOCIMI, *Religioni*, 1971, p. 720; A. GARZYA, *Problema*, 1977, p. 409 n° 21; M. GUIDO, *Sicily*, 1977, pp. 133, 145; M.I. FINLEY, *Ancient Sicily*, 1979, pp. 63-64; P. FABRE, *Grecs*, 1981, pp. 253-254, 317; E. MANNI, *Divagazioni*, 1983, p. 176; S. BERGER, *Revolution*, 1992, pp. 76-77 et A. CHISOLI, *Diodoro*, 1993, pp. 21-29.

[70] Elle aurait été fondée en 459 a.C.n. (ou à peu près : 453 a.C.n. pour G.V. GENTILI, *Cinturone*, 1962, p. 14; F. COARELLI-M. TORELLI, *Sicilia*, 1984, p. 165) et détruite quinze ans plus tard : selon Diod., XI, 88, 6 et 90 1-2, l'apport d'un fort contingent de colons attirés par la fertilité des terres disponibles aurait entraîné cette croissance rapide. Toutefois, ce havre de liberté — parfois identifié à Trinakia, un autre centre sicule dont parle Diod., XII, 29, 2 — fut bientôt rasé et l'endroit demeurait désert à la fin de la République (KL. MEISTER, *Palike*, 1972, col. 425 face à G.V. GENTILI, *Cinturone*, 1962, pp. 14-23 et D. ADAMESTEANU, *Ellenizzazione*, 1962, pp. 174-181 qui situent le site sur les hauteurs de la Rocchicella : pour sa localisation, *cf. supra* p. 21 n° 39) : exilé à Corinthe (Diod., XI, 91-92), Doukétios revint fonder, en 446 a.C.n. à l'est de Cefalu, Kalè Aktè au moment du conflit opposant Syracuse à Agrigente (Diod., XII, 8 et 29 : D. ADAMESTEANU, *Ellenizzazione*, 1962, pp. 190-196; A.G. WOODHEAD, *Greeks*, 1966, pp. 82-83). T.J. DUNBABIN, *Western Greeks*, 1968, p. 125 (avec une bonne dose d'implicite); E. SJÖQVIST, *Sicily*, 1973, p. 52 et CL. NICOLET, *Rome*, 1979, pp. 225-226 lui attribuent indûment la création du vieux sanctuaire des Paliques en lieu et place de la fondation de Palikè. Quoi qu'il en soit, C. JOURDAIN-ANNEQUIN, *Leucaspis*, 1992, p. 142 estime que le site choisi par Doukétios pour ériger le centre de sa fédération confirme le caractère indigène des divinités avoisinantes. Sur foi de vestiges archéologiques découverts sur place, P. PELAGATTI, *Palikè*, 1966, p. 107 estime même que l'endroit a dû être habité dès la fin de l'âge du bronze.

[71] K. ZIEGLER, *Palikoi*, 1949, col. 101, 110-111, 115; J.H. CROON, *Palici*, 1952, pp. 118, 127; R. SCHILLING, *Place*, 1964-1965, p. 262 (on relèvera avec lui la valeur ominale de son nom); E. MANNI, *«Indigeni»*, 1976, p. 210; M.I. FINLEY, *Ancient Sicily*, 1979, pp. 144-145; CL. NICOLET, *Rome*, 1979, pp. 225-226 et E. MANNI, *Divagazioni*, 1983, p. 177.

[72] Diod., XXXVI, 3, 3.

[73] Diod., XXXVI, 7, 1 : P.-M. MARTIN, *Royauté II*, 1994, p. 54 qui indique aussi (*ibid.*, p. 77) que ce surnom signifie «le Voluptueux». Parle dans le même sens l'inscription du ceinturon retrouvé à Palikè (G.V. GENTILI, *Cinturone*, 1962, pp. 14-23) qu'un certain Phaikon — peut-être un petit tyran local — adresse π ά σ ι Θεοῖς aux premiers rangs desquels devaient compter les Paliques.

Ajoutons qu'au plus fort du conflit contre les Cimbres, soit dans le courant de la même année 104 a.C.n., le sénat romain en quête de renforts immédiats ordonna à ses provinces de libérer les étrangers venus apurer leurs dettes dans la servitude[74]. En Sicile, le mouvement fit tache d'huile, tous les esclaves espérant bénéficier de cette soudaine clémence. Affolés, les notables de l'île sommèrent le gouverneur Licinius Nerva de juguler ces espérances. Une troupe d'esclaves déçus quitta bientôt Syracuse pour implorer l'indulgence des Paliques[75]. À l'évidence, dès qu'on dépasse le tracé particulier de leurs contextes respectifs, les volets de ce triptyque s'articulent autour de la thématique du pouvoir, sinon de l'accession à la royauté ou à l'indépendance, avec laquelle toute forme de gémellité est étroitement associée[76] : ils consolident donc la vocation des Paliques à être des jumeaux.

Qu'on nous permette encore un mot sur les prétentions des Paliques à devenir des *di nautici*[77]. Parfois refusée au nom d'une imprudente confusion avec les Dioscures[78], l'indication fut parfois ravalée à appuyer la localisation de leur culte dans les parages de l'Etna, alors censé mener à bon port les équipages déboussolés[79]. Selon nous, cette fonction secourable procède d'une cause plus mythique que géographique. Pareil souci des marins en perdition fait partie du potentiel gémellaire des Dioscures[80]. Mais cette fois, la similitude de la fonction exercée de part et d'autre s'explique par une imitation tardive plutôt que par un héritage commun : elle aurait été surajoutée au capital des Paliques dès leur colonisation par la religion grecque[81].

---

[74] Diod., XXXVI, 3, 1-2.

[75] Diod., XXXVI, 3, 2-5. M.I. FINLEY, *Ancient Sicily*, 1979, p. 144 délivre une représentation succincte de ce mécontentement.

[76] *Cf.* A. MEURANT, *Idée de gémellité*, 1996, pp. 41-45.

[77] Comme le laisse entendre Varr., *apud* Serv. Dan. *ad Aen.*, IX, 581 : «*Palicos nauticos deos Varro appellat*».

[78] K. G. MICHAELIS, *Paliken*, 1856, p. 44 (avec le soutien de I. LÉVY, *Dieux siciliens*, 1899, p. 261 n° 5); K. ZIEGLER, *Palikoi*, 1949, col. 123. De l'avis de L. BLOCH, *Palikoi*, 1897-1902, col. 1294, l'interpolateur de Servius aurait adultéré l'énoncé de Varron alors censé avoir attribué cette qualité aux Cabires de Samothrace. Sur les dangers d'un rapprochement aussi expéditif, voir *infra* p. 54 n° 173.

[79] I. LÉVY, *Dieux siciliens*, 1899, pp. 261-262 et K. ZIEGLER, *Palikoi*, 1949, col. 106 peu sensibles au fait qu'il s'agit d'un service typiquement gémellaire.

[80] *Cf.* A. MEURANT, *Idée de gémellité*, 1996, pp. 101-102.

[81] *Cf. infra* p. 63.

e. La fonction oraculaire

Réputés pour les largesses promises à leurs destinataires, les oracles que les Paliques se plaisent à distiller offrent un cas particulier de ces bons offices qui soulagent la détresse humaine[82]. L'attestation d'un de ces généreux arrêts nous est parvenue[83] : aux prises avec une sévère disette, les Siciliens s'en remirent aux Paliques qui leur reprochèrent d'avoir négligé de sacrifier en l'honneur de Pédiocratès[84] ou Pédiacratès[85], héros sicane élevé au rang de dieu ou de génie après avoir succombé avec d'autres compagnons sous les coups d'Hercule dans les fau-

---

[82] Verg., *Aen.*, IX, 583-585 (*cf. infra* pp. 41-45, 66-73), prétexte au long commentaire que livre Macr., *Sat.*, V, 19, 15-31 pour éclairer la personnalité de ces mystérieuses divinités. R. SCHILLING, *Place*, 1964-1965, p. 286 lance, sans la retenir, l'hypothèse d'une liaison du caractère oraculaire des Paliques aux connotations telluriques qui les caractérisent.

[83] Xénagoras (= *FGrH* 240 F 21), *apud* MACR., *Sat.*, V, 19, 30; MACR., *Sat.*, V, 19, 22 : K. ZIEGLER, *Palikoi*, 1949, col. 115-117; D. BRIQUEL, *Jumeaux*, 1976, p. 96; ID., *Triple*, 1976, p. 147 n° 1. Sans se référer à cette donnée, A. KOSSATZ-DEISSMANN, *Dramen*, 1978, pp. 40-41 défend l'idée que le sanctuaire des Paliques était un important centre oraculaire où les dieux manifestaient leur volonté dans le vol des vautours, ce qui expliquerait qu'un de ces oiseaux prête sa forme à Zeus pour féconder Thalia (*cf. supra* p. 18 n° 30) ou — cela nous l'ajoutons — extirpe un *Palicus* des entrailles de la terre (*cf. infra* p. 42 + n° 137).

[84] Seul Xénagoras (= *FGrH* 240 F 21), *apud* Macr., *Sat.*, V, 19, 30 nous livre l'identité du bénéficiaire, sans spécifier s'il était occasionnel ou permanent, de même qu'il ne précise pas si ce service des Paliques était ponctuel ou régulier (J.H. CROON, *Palici*, 1952, pp. 119, 127 privilégiant plutôt la seconde possibilité). D'autres données sont disponibles chez I. LÉVY, *Dieux siciliens*, 1899, pp. 273, 279-281; L. BLOCH, *Palikoi*, 1897-1902, col. 1288; P. FABRE, *Grecs*, 1981, p. 290; E. MANNI, *Divagazioni*, 1983, p. 183.

[85] Sous condition d'identifier le précédent avec le Pédiakratès dont Diod., IV, 23, 5 nous conte la triste fin. Une conjecture d'E. MANNI, *Sicilia pagana*, 1963, pp. 29, 33, 173-175, 178; ID., *Divagazioni*, 1983, pp. 180-181, 183 le confond avec cet Adranos qu'Hésych., *s.v°* Παλικοί donne pour le père des Paliques et qui passe pour le «seigneur de l'Etna» (*cf. supra* p. 19 n° 34) : Πεδιοκράτης, qui lui équivaut au «seigneur de la plaine», deviendrait ainsi la transcription grecque d'un terme présicule. Qui plus est, l'hypothèse d'une dévotion régulière à ce Pédiacratès prend plus de poids au vu de la dédicace, malheureusement endommagée (et que restitue L. ROBERT, *Bulletin épigraphique*, 1952-1953, pp. 211-212 n° 283), gravée à son nom sur un petit autel trouvé à Syracuse et souvent rapprochée de celles qui vouent des céramiques de Géla à Pédios, le héros local (*IG*, XIV, 595-596 : E. CIACERI, *Culti*, 1911, pp. 37-45; B. PACE, *Arte III*, 1946, pp. 527-529 et E. SJÖQVIST, *Heracles*, 1962, p. 120). La vérification de cette équation tendrait à localiser Pédiacratès dans la plaine géloenne. Voir aussi J.H. CROON, *Palici*, 1952, pp. 127-128; E. MANNI, *Minosse*, 1962, pp. 6-29; P. LÉVÊQUE, *Partons*, 1966, pp. 37-38; E. MANNI, *Sicile*, 1969, p. 7; A.L. PROSDOCIMI, *Religioni*, 1971, p. 722; P. LÉVÊQUE, *Colonisation*, 1973, pp. 48-49; L. PEARSON, *Myth*, 1975, p. 191; M. GIANGIULIO, *Greci*, 1983, pp. 811-833 et C. JOURDAIN-ANNEQUIN, *Grec*, 1988-1989, pp. 147 et 153-162; EAD., *Héraklès*, 1989, pp. 286-287; EAD., *Leucaspis*, 1992, pp. 141-143.

bourgs de Cyané. Cette négligence réparée, le retour de la fertilité démontra la perspicacité et la magnanimité de ces judicieux conseillers[86]. En guise de remerciement, leur autel croula bientôt sous un amoncellement d'offrandes, sans doute les prémices des grasses récoltes qu'ils avaient laissé miroiter[87]. À l'évidence, ce récit exploite à sa façon le poncif mythique des mesures arrachées à un oracle supposé pouvoir enrayer le fléau (peste ou famine) consécutif à la mort violente d'un héros méconnu[88]. Malheureusement, l'indigence de la documentation relative à cette facette du culte des Paliques nous empêche de savoir s'il s'agit d'une spécialité des dieux implorés ou d'une requête occasionnelle[89]. Loin d'être neutre, la question pèse directement sur l'octroi du label gémellaire aux Paliques : puisque l'envoi de la fertilité constitue un des principaux services rendus par les jumeaux divins au genre humain, reconnaître — dans la régularité du cérémonial liturgique plutôt que dans l'unique mention d'un épisode mythique qui fait d'ailleurs ici défaut — cette constante capacité aux Paliques contribuerait à jeter un jour favorable sur la gémellité qu'ils revendiquent.

Encore une chose. Faut-il voir dans l'expression *pinguis ubi et placabilis ara Palici*, qui aide Virgile à illustrer l'abondance prodiguée aux insulaires[90], les traces des coulées sanglantes qu'y auraient laissées les sacrifices humains dont parle Servius[91]? Certes, le champ sémantique de l'adjectif *pinguis* autorise à pousser l'interprétration dans ce sens[92]. Mais

---

[86] Rendu chez Verg., *Aen.*, IX, 585 par l'adjectif *placabilis* : *cf. infra* pp. 41-43.

[87] Au service de cette idée, le sens de l'épithète *pinguis* correspond, chez Verg., *Aen.*, IX, 585 et Macr., *Sat.*, V, 19, 22, à celui du verbe ἐμπίπλημι qu'affiche Xénagoras (= *FGrH* 240 F 21), *apud* Macr., *Sat.*, V, 19, 30.

[88] I. LÉVY, *Dieux siciliens*, 1899, p. 280.

[89] *Cf. supra* p. 30 n° 84.

[90] Verg., *Aen.*, IX, 585 : au lieu de prendre le *et* pour une conjonction de coordination destinée à réunir *pinguis* et *placabilis*, K. ZIEGLER, *Palikoi*, 1949, col. 116 n° 1 préfère y voir un lien logique qui ferait de *placabilis* l'épithète de *Palici*. Pour sa part, A. KOSSATZ-DEISSMANN, *Dramen*, 1978, p. 39 voit dans le vase Hamilton K 10 une possible illustration de ce syntagme.

[91] Serv., *ad Aen.*, IX, 581 : «*hi primo humanis hostiis placabantur, postea quibusdam sacris mitigati sunt et eorum inmutata sacrificia. Ideo ergo 'placabilis ara', quia mitigata sunt eorum numina*» sans qu'il soit possible de rapporter ces renseignements à un auteur précis : ils n'apparaissent ni chez ceux que Macr., *Sat.*, V, 19, 24-30 recopie (pour autant que cet intermédiaire n'ait pas tronqué les passages reproduits) ni chez ceux qui en sont exclus. Toutefois, Lact. Plac., *Comm. in Stat. Theb.*, XII, 156 reprend à son compte les affirmations du commentaire virgilien : «*hos autem [Palicos] inmites fuisse et humano sanguine placari consuetos fabula disserente confirmatum est*».

[92] Cette logique nourrit d'ailleurs la traduction de A. BELLESSORT, *Virgile VII-XII*, 1967, p. 101 + n° 4 (*cf. infra* p. 41 n° 134) alors que Macr., *Sat.*, V, 19, 22 («*Qua gratia Siculi omne*

il pourrait tout aussi bien s'agir d'une confusion avec les victimes des ordalies pratiquées en bordure des cratères[93], à ceci près que leurs comptes rendus ne signalent aucun épanchement sanguin. Il faut donc croire que ces sacrifices humains, s'ils ont vraiment existé[94], se pratiquaient près de l'autel des Paliques au moment de leur réclamer la fin des disettes qui épuisaient la région. À la lumière de ce que nous rapporte Servius et comme c'était déjà le cas pour la vérification des serments, ces cruelles cérémonies auraient évolué avec le temps pour laisser la place à des liturgies tempérées par la progressive régression de la sauvagerie primitive[95] : ces *quaedam sacra* dont on ne sait rien de précis[96]. Mais

---

genus frugum congesserunt in aram Palicorum, ex qua ubertate ara ipsa pinguis uocata est») rapporte cette épithète à l'effet plutôt qu'à la cause du retour de l'εὐφορία, pareille notion n'apparaissant pas chez Xénagoras (= *FGrH* 240 F 21), *apud* Macr., *Sat.*, V, 19, 30 qui se contente de signaler que (οἱ Παλικοὶ) πολλοῖς δώροις τὸν βωμὸν τῶν Παλικῶν ἐνέπλησαν. Il semble donc que Macrobe ait combiné les positions de Xénagoras et de Virgile (E. MANNI, *Divagazioni*, 1983, pp. 180-181 semble partisan de cette hypothèse) : dans ces conditions, il devient difficile de savoir si le *pinguis* du Mantouan s'inspire du même Xénagoras (ce que croit K. ZIEGLER, *Palikoi*, 1949, col. 115-116 + n° 1) pour désigner l'amas d'offrandes chargées de fêter la générosité des Paliques ou s'il renvoie à l'informateur anonyme de Serv., *ad Aen.*, IX, 581 pour désigner le sang séché de victimes humaines ou animales — car rien ne dit que Virgile ne se réfère pas à un moment où les secondes auraient été substituées aux premières — exigées en contrepartie du retour de la productivité des sols : sur la responsabilité de Servius dans l'émergence de cette difficulté, voir *infra* pp. 33-34.

[93] Ce qui serait déjà le cas de Macr., *Sat.*, V, 19, 21 qui oppose les «*crateres implacabiles*» aux «*Palici placabiles*» en raison de l'assimilation des Paliques aux Δέλλοι (*cf.* L. BELLO, *Ricerche*, 1960, p. 97 et E. MANNI, *Divagazioni*, 1983, p. 180 + *infra* pp. 35-41) : voyant que les Paliques pouvaient être apaisés, le compilateur du IVe siècle a.C.n. en a déduit que les cratères se montraient impitoyables envers ceux qui y tenaient des propos mensongers (L. BLOCH, *Palikoi*, 1897-1902, col. 1292 et K. ZIEGLER, *Palikoi*, 1949, col. 116 étendent ce jugement à Serv., *ad Aen.*, IX, 581). Précisons cependant que certains manuscrits de Virgile portent la variante «*pinguis ubi inplacabilis ara Palici*» qui réapparaît chez Lact. Plac., *Comm. in Stat. Theb.*, XII, 156 : «*quod uidetur etiam strictim tetigisse Virgilius et placabilis* (auquel certains *codices* préfèrent *implacabilis* ou *eplacabilis* : à l'appui de Xénagoras, K. ZIEGLER, *Palikoi*, 1949, col. 116 n° 1 tranche en faveur de la première leçon) *ara Palici*».

[94] Si R. SCHILLING, *Place*, 1964-1965, p. 261 n'y fait aucune allusion, L. BLOCH, *Palikoi*, 1897-1902, col. 1292 avance qu'il pourrait s'agir d'un libellé provisoire que Virgile n'aurait pas eu le temps de revoir.

[95] E. MANNI, *Divagazioni*, 1983, p. 183 et ce malgré la chronologie des offrandes sacrificielles qui, chez Théophraste, *De la piété* (F 4 et 13 Pötscher), *apud* Porph., *D.A.*, II, 9, 1 et 27, place l'oblation végétale avant le recours aux victimes humaines, lui-même antérieur à l'introduction de substituts venus du règne animal.

[96] Serv., *ad Aen.*, IX, 581 : expression à laquelle le *certum sacrificium* de Macr., *Sat.*, V, 19, 22 et le ἔθυσαν de Xénagoras (= *FGrH* 240 F 21), *apud* Macr., *Sat.*, V, 19, 30 font sans doute écho. I. LÉVY, *Dieux siciliens*, 1899, p. 274 juge d'ailleurs l'explication du commentateur virgilien dénuée de tout fondement historique.

rien n'est moins sûr. En fait, il se pourrait que Servius[97], démuni de toute explication logique face au *pinguis* de Virgile, lui ait conféré un sens équivalent à celui qu'il reçoit dans un syntagme identique épinglé à un autre lieu de culte dont parle l'*Énéide* : «*pinguis ubi et placabilis ara Dianae*»[98].

f. Essai de synthèse

S'en tenir à ce relevé autorise à délivrer des Paliques siciliens un portrait aux lignes claires, aux qualifications bien structurées. Une fois dissipé le brouillard où se noient certaines de ses facettes, ce binôme local venu du fond des âges[99] renvoie l'image d'un principe divin associé, sinon confondu, avec des cratères que jouxte leur temple, ce qui explique assez le caractère chtonien qui leur est souvent reconnu[100]. Sous la pression d'un mobile qu'il nous faudra élucider[101], la formation de la tradition octroie leur paternité à Zeus au détriment des droits légitimes d'un dieu à vocation pyrique, qu'il garde encore l'ancrage local d'Adranos ou qu'il prenne déjà la démarche grecque d'Héphaistos. Épris de justice, les Paliques s'occupent surtout de valider les serments au cours d'ordalies où les curieuses projections de ces cavités naturelles dictent leur verdict. Les autochtones savent aussi qu'ils émettent des oracles capables d'abréger d'amères pénuries et les rebuts de la société qu'ils leur offrent asile et protection. Les choses seraient donc relativement simple si des voix discordantes ne venaient contester l'identification et le nombre même des figures concernées. Voyons dans quelle proportion les grands axes ici définis s'en trouvent affectés.

---

[97] Et Lact. Plac., *Comm. in Stat. Theb.*, XII, 156 avec lui : nous résumons ici une théorie que développe K. ZIEGLER, *Pulikoi*, 1949, col. 116-117.

[98] Verg., *Aen.*, VII, 764. Au reste, l'orientation mythologique de la notice de Servius qui, cette précision exceptée, n'empiète jamais sur le rituel alloué aux Paliques consolide ce point de vue.

[99] Pour C. JOURDAIN-ANNEQUIN, *Grec*, 1988-1989, p. 156, les Sicules ne seraient que les dépositaires d'un culte qu'ils auraient découvert à leur arrivée dans l'île.

[100] Lié à la diffusion de traditions de même inspiration sur toute une île qui devait à sa nature volcanique la fortune de ce motif (G. CASTELLANA, *Origine*, 1981, pp. 234, 240 et P. FABRE, *Grecs*, 1981, p. 251) : L. BLOCH, *Palikoi*, 1897-1902, col. 1292; J.H. CROON, *Palici*, 1952, pp. 116, 119, 126; L. BELLO, RICERCHE, 1960, p. 97; D. ADAMESTEANU, *Ellenizzazione*, 1962, p. 177; A.L. PROSDOCIMI, *Religioni*, 1972, p. 720; TH. LADEWIG-C. SCHAPER, *Virgils Gedichte*, 1973, p. 123; S. BERGER, *Revolution*, 1992, p. 76.

[101] *Cf. infra* pp. 79-86.

CHAPITRE DEUXIÈME

LES DONNÉES DISCORDANTES

En dépit de quelques zones d'ombre, le dossier des Paliques pourrait sembler clôturé si une poignée de témoignages antiques — un fragment de Callias qui inspire à Macrobe un pan de sa présentation, quelques vers de Virgile, de vagues allusions d'Ovide, Vibius Sequester et Servius Daniel — ne venaient démentir cette impression, remettant en cause tantôt le nombre de ces divinités, tantôt leur identification aux cratères désignés. Nécessité oblige, une rapide prise de connaissance de ces documents, groupés dans la séquence thématique qu'ils exploitent, contribuera donc à révéler dans quelle mesure leurs allégations, si elles méritent d'être retenues, atteignent le bilan exposé ci-dessus.

a. La fraternité des Δέλλοι

Après avoir conté la fabuleuse naissance des Paliques, Macrobe s'intéresse aux entonnoirs d'où sourd une eau bouillonnante : sur foi d'un renseignement de Callias[102], ces ouvertures naturelles proches du lieu où les Paliques virent le jour («*nec longe inde*»)[103] prennent le nom de Δέλλοι et passent pour leurs frères. Dénomination et attaches familiales qui contrarient quelque peu la disposition des données que nous venons d'assembler. Selon qu'on envisage une méprise de Macrobe ou de sa source grecque, deux explications fort différentes s'affrontent. Leur

---

[102] Callias (= *FGrH* 564 F 1), *apud* Macr., *Sat.*, V, 19, 25.

[103] Faible distance dont on ne sait si elle est calculée à partir de leur lieu de naissance (K. ZIEGLER, *Palikoi*, 1949, col. 108-109) ou de leur sanctuaire, à moins que les deux endroits ne coïncident. Sur le problème soulevé par l'indication trop approximative de Macrobe, voir L. BELLO, *Ricerche*, 1960, pp. 77-81; D. ADAMESTEANU, *Ellenizzazione*, 1962, pp. 177-178; E. MANNI, *Divagazioni*, 1983, p. 178.

rapide examen permettra de cerner comment lever l'hypothèque que chacune fait peser sur le contenu de la notice récapitulative.

La première option oblige à évaluer la fiabilité de la synthèse rédigée par Macrobe. Disons d'entrée de jeu que de lourdes préventions pèsent sur les facultés de l'auteur des *Saturnales* à agencer la matière de ses informateurs grecs en un amalgame rigoureux et cohérent[104]. Ce handicap affecte l'ensemble de son commentaire et ce passage en particulier[105]. En fait, son énoncé paraît fusionner deux faisceaux de données ancrés dans des sites différents : aux Δέλλοι étalés au pied d'Érykè[106] reviennent les capacités judiciaires dont toute la tradition investit les Paliques qu'on sait pourtant logés dans la banlieue d'une cité homonyme (Παλική)[107]. La confusion étonne[108] alors même que l'omission de cet écart topographique pousse le compilateur latin à distinguer, sur le même site et à l'aide de tempéraments antithétiques, les *crateres implacabiles* des *Palici placabiles*[109]. En fait, tout se passe comme si les *Delli* de Macrobe s'adonnaient à l'ordalie aquatique en plein air et leurs frères Paliques à l'activité oraculaire dans leur temple[110]. Ou mieux, qu'en plus de promulguer des avis secourables, les Paliques préservaient le serment

---

[104] K. ZIEGLER, *Palikoi*, 1949, col. 109; J.H. CROON, *Palici*, 1952, p. 117 : *cf. infra* pp. 39-40 + n° 127.

[105] K. ZIEGLER, *Paliko*i, 1949, col. 108; L. BELLO, *Ricerche*, 1960, pp. 72-77, 80 (disposée à atténuer les reproches adressés à Macrobe) détaillent toutes les données du problème.

[106] Sans doute située au-dessus de la région qu'occupent les Paliques, sur la rive occidentale du Fiume di Caltagirone, face à la Menai de Doukétios : T.J. DUNBABIN, *Western Greeks*, 1968, pp. 125-126 + *cf. infra* pp. 37-41.

[107] Polémon (= *FGrH* 140 F 83), *apud* Macr., *Sat.*, V, 19, 29 et Diod., XI, 88, 6.

[108] D'autant que ses sources, Callias (= *FGrH* 564 F 1), *apud* Macr., *Sat.*, V, 19, 25 et Polémon (= *FGrH* 140 F 83), *apud* Macr., *Sat.*, V, 19, 26-29, distinguent nettement Δέλλοι et cratères des Paliques : L. BELLO, *Ricerche*, 1960, p. 76 et E. MANNI, *Divagazioni*, 1983, p. 181.

[109] Macr., *Sat.*, V, 19, 21 où L. BELLO, *Ricerche*, 1960, pp. 74-75 et E. MANNI, *Divagazioni*, 1983, p. 180 soulignent ce clivage. L'inflexible sentence dont les Paliques frappent les parjures dans la version de Polémon s'oppose au *placabilis ara Palici* de Verg., *Aen.*, IX, 585 (sur cette double attitude, voir *supra* pp. 31-33 et *infra* pp. 51-52). Pour réduire cette contradiction, Macrobe ou un de ses prédécesseurs, peu avisés de rapprocher deux fraternités différentes, auraient abusivement transféré aux Δέλλοι cette expresse sévérité (I. LÉVY, *Dieux siciliens*, 1899, p. 259 dont se rapproche L. BELLO, *Ricerche*, 1960, p. 75). Dans cette optique prévaut l'hypothèse, appuyée sur l'emploi du terme *ara*, que Virgile faisait moins allusion au tribunal des cratères qu'aux généreux oracles que les dieux siciliens adressaient à la population locale.

[110] «*Nec sine diuinatione est Palicorum templum*» (Macr., *Sat.*, V, 19, 22) : aux yeux de K.G. MICHAELIS, *Paliken*, 1856, pp. 2-4, ces *Delli* traduisaient la matérialité brute, violente et impressionnante, du phénomène physique et les *Palici* l'évanescente présence de la divinité installée dans le temple voisin.

de bonne foi des terribles débordements de leurs frères. Mais Paliques et *Delli* le sont-ils réellement et les cratères auxquels s'attachent leurs noms sont-ils identiques[111]? Voilà ce que l'arrivée à la barre de Callias, la source grecque de Macrobe, permettra peut-être d'élucider.

Seconde option à discuter, l'idée même d'une confusion de l'historien syracusain du IVe siècle a.C.n. implique en toute logique l'examen préliminaire du fragment où il indique que :

«Quelque quatre-vingt-dix stades séparent Érykè de Géla. C'est un endroit suffisamment fortifié; c'était autrefois une ville sicilienne, sous laquelle se trouvaient les Δέλλοι. Ce sont deux cratères, regardés par les Siciliens comme les frères des Paliques; les bulles qui éclatent à leur surface ressemblent à des eaux bouillonnantes»[112].

Lui reprocher la transmission d'un renseignement incorrect revient à suggérer que Callias, pourtant originaire de la région, ignorait l'emplacement exact du plus célèbre culte de l'île[113] (à moins de lui donner raison et de soulever un problème encore plus épineux) ou qu'il aurait confondu deux sites remarquables pour connaître les mêmes caprices na-

---

[111] Comme le croyaient, hormis I. Lévy, *Dieux siciliens*, 1899, pp. 256-266, les pionniers de la recherche contemporaine dont L. Bello, *Ricerche*, 1960, pp. 72-74 résume et critique les positions.

[112] Callias (= *FGrH* 564 F 1), *apud* Macr., *Sat.*, V, 19, 25 : ἡ δὲ Ἐρύκη τῆς μὲν Γελῴας ὅσον ἐνενήκοντα στάδια διέστηκεν (précision que reprend sans plus la commenter L. Pearson, *Greek Historians*, 1987, p. 32), ἐπιεικῶς δὲ ἐχυρός ἐστιν ὁ τόπος καὶ τὸ παλαιὸν Σικελῶν γεγενημένη πόλις· ὑφ'ᾗ καὶ τοὺς Δέλλους καλουμένους εἶναι συμβέβηκεν. Οὗτοι δὲ κρατῆρες δύο εἰσίν, οὓς ἀδελφοὺς τῶν Παλικῶν οἱ Σικελιῶται νομίζουσι, τὰς δὲ ἀναφορὰς τῶν πομφολύγων παραπλησίας βραζούσαις ἔχουσιν. L'Ἐρύκη où le Syracusain situe ses Δέλλοι n'est pas la cité élyme de la côté occidentale de la Sicile mais doit être plutôt identifiée avec la Militello du Val de Catane (E. Manni, *Geografia*, 1981, pp. 173, 213; Id., *Divagazioni*, 1983, p. 178).

[113] Pour corser la difficulté, on suspecte les manuscrits de comporter une lacune à l'endroit même où le fragment précise la position géographique des κρατῆρες : K. Ziegler, *Palikoi*, 1949, col. 108; L. Bello, *Ricerche*, 1960, pp. 72 + n° 1, 75 et E. Manni, *Divagazioni*, 1983, p. 178 qui souligne le fondement purement hypothétique de cette défectuosité et soupçonne plutôt Callias d'avoir consulté une source (Hippys de Rhégion?) rédigée avant la fondation de Palikè et donc seulement capable de se référer à Érykè. De plus, le chercheur italien balise entre le καὶ et le τὸ παλαιὸν du texte grec la lacune que sa consœur étendait à la localisation du site.

turels[114]. De là l'isolement de sa position dans la chaîne de la tradition qui, hormis les déclarations de Macrobe[115], n'évoque jamais les Δέλ-λοι/*Delli*[116]. Mais à supposer que Callias transmette, à côté d'une localisation erronée des Paliques[117], une description plus fiable de ce qu'ils sont, que retenir de son intervention?

D'abord une possibilité de stabiliser, grâce à celle des Δέλλοι, l'étymologie jusqu'ici controversée des *Palici*. Ensuite la nécessité de déterminer si, à la manière de synonymes dont il faudrait justifier la juxtaposition, les deux appellations désignent les cratères eux-mêmes ou si elles s'appliquent à des réalités différentes qui, en l'espèce, mériteraient d'être spécifiées. L'intérêt enfin de justifier l'absence de toute directive rituelle du fragment de Callias, essentiellement axé sur la chorographie. À terme, la gestion de ces trois opérations se révélera moins aisée que prévue et les bénéfices escomptés s'en trouveront lourdement atténués.

La première débouche assez vite dans une nouvelle impasse[118] : si le terme Δέλλοι (*Delli* dans sa graphie latine) n'est sûrement pas d'origine grecque, les hypothèses les plus fiables en font tantôt la transcription siculo-italique du grec ἀδελφοί qui évoquerait la gémellité à la

---

[114] E. MANNI, *Divagazioni*, 1983, p. 178 récuse toutefois cette solution trop simpliste, même si une conjecture concurrente imagine de confondre Palikè et Érykè.

[115] Macr., *Sat.*, V, 19, 19 : *cf. supra* pp. 35-37.

[116] Les premières lignes du fragment de Polémon (= *FGrH* 140 F 83), *apud* Macr., *Sat.*, V, 19, 26 ont pu accueillir ce terme. Selon L. BELLO, *Ricerche*, 1960, pp. 76-79, une mauvaise lecture de manuscrits endommagés par la distraction de copistes indélicats aurait incité les éditeurs de texte à transformer οὐ δὴ μακρὰν, un simple repère topographique (peut-être répercuté dans le «*nec longe inde*» de Macrobe : *cf. supra* p. 35 + n° 103), en lien familial (ἀδελφοί) : à ce titre, tout près des Paliques s'ouvriraient les petits cratères des Δέλλοι; conjecture qui laisse sceptique E. MANNI, *Divagazioni*, 1983, pp. 178 et 181. Pour y voir clair, confrontons directement Callias à Polémon, les deux sources grecques à pourvoir les Paliques de liens fraternels — avec les Δέλλοι selon l'un, de simples cratères anonymes selon l'autre —, sans nécessairement obéir aux mêmes intentions : ils pourraient fort bien parler de deux fraternités différentes abusivement assimilées chez Macrobe (K. ZIEGLER, *Palikoi*, 1949, col. 108; J.H. CROON, *Palici*, 1952, pp. 117-118 et E. MANNI, *Divagazioni*, 1983, p. 181). Mais rien n'est moins sûr. En effet, à la lumière des manuscrits corrigés comme ci-dessus, Callias pourrait bien incarner l'unique garantie grecque de la parenté allouée aux deux groupes. Auteur de la notice latine la mieux documentée, Macrobe adopte une position des plus singulières : qu'il ait lui-même été victime de cette confusion ou qu'il ait entendu innover, cet interlocuteur privilégié entérine l'idée de fraternité, mais en prêtant à ses *Delli* les pratiques cultuelles habituellement dévolues aux Paliques.

[117] Laquelle correspond pourtant en gros à la topographie du site où Doukétios entreprend de transférer à Palikè, dans la plaine qu'elle surplombait, la population de Menai, sa ville natale (*cf. supra* pp. 27-28).

[118] K. ZIEGLER, *Palikoi*, 1949, col. 110 n° 1 et L. BELLO, *Ricerche*, 1960, pp. 92-97 en présentent et commentent les grandes étapes.

manière des *Duelli* («les jumeaux»)[119], tantôt le dérivé d'une racine sicule ou plus largement méditerranéenne (**tala* = «terre») qui désignerait
des divinités de la terre opposées à des Paliques alors censés camper sur
les hauteurs[120]. De sorte qu'il s'agirait de deux paires divines d'abord
honorées séparément, puis comprimées dans le seul culte des Paliques[121].
La précarité de ces données incite à la prudence : on se gardera surtout
de succomber à la tentation d'entériner la voie qui mène à la veine
gémellaire avec l'intention d'en tirer quelque profit. À dire vrai, les deux
vocables ainsi rapprochés souffrent d'un tel déficit étymologique que
chercher à expliquer l'un par l'autre amènerait à «éclairer *obscurum per
obscurius*»[122].

De toute la littérature consacrée aux relations nouées entre Δέλλοι et Paliques, la deuxième opération induit surtout la regrettable imprécision dont pâtissent l'établissement et la nature de ces attaches : parfois assignés à résidence dans des lieux différents[123], souvent confondus[124], Paliques et Δέλλοι passent tout aussi bien pour désigner des
éléments distincts mais contigus dont les noms ne sont pas de simples
synonymes[125] : les cratères se démarqueraient ainsi de leurs divinités tu-
télaires[126]. Mais à l'examen tout cela s'avère peu convaincant. De leur
côté, les résultats de la troisième opération montrent que le silence dont
Callias couvre le culte des Paliques peut aussi bien provenir d'une césure

---

[119] K. ZIEGLER, *Palikoi*, 1949, col. 109-110 + n° 1 qui, avec l'aval de J.H. CROON, *Palici*,
1952, p. 118, postule que Callias et Polémon auraient encore disposé d'une version poétique
de la légende dans laquelle Paliques et cratères se seraient côtoyés comme des *Duelli* dont les
deux confidents de Macrobe auraient extrapolé la fraternité. Cette étymologie gémellaire
trouverait quelque lointain écho (R. SCHILLING, *Place*, 1964-1965, p. 265) dans la conjecture
qui identifiait les *Palici* à des «jeunes gens» dont le nom disposerait du même thème en -i-
(**Pali-*) augmenté du suffixe -ko- que le grec πάλλαξ («jeune homme») élargi du suffixe
-ak- : FR. ALTHEIM, *Geschichte*, 1951, pp. 22 et 57 répercuté par G. RADKE, *Götter*, 1965,
pp. 243-245 (*cf. supra* p. 21 n° 39).

[120] L. BELLO, *Ricerche*, 1960, pp. 92-95 et G. ALESSIO, *Fortune*, 1964-1965, p. 308. Pour la
situation élevée des Paliques et leur assimilation à des *Caelestes*, *cf. supra* p. 21 n° 39.

[121] L. BELLO, *Ricerche*, 1960, p. 97; E. MANNI, *Divagazioni*, 1983, p. 178.

[122] Pour reprendre l'expression de R. SCHILLING, *Place*, 1964-1965, p. 263.

[123] I. LÉVY, *Dieux siciliens*, 1899, pp. 258-259.

[124] Telle était du moins l'opinion majoritaire des premiers commentateurs modernes dont
L. BELLO, *Ricerche*, 1960, pp. 72-74 soupèse les théories.

[125] L. BELLO, *Ricerche*, 1960, p. 95.

[126] J.H. CROON, *Palici*, 1952, p. 118; L. BELLO, *Ricerche*, 1960, pp. 71-81 sur les traces de
K. ZIEGLER, *Palikoi*, 1949, col. 109-110 + n° 1 (prêt à croire qu'à l'origine les Paliques étaient
les seuls éléments nommés dans la légende des cratères qui ont fini par s'y identifier comme
une source à une nymphe ou un fleuve à un dieu) et A.L. PROSDOCIMI, *Religioni*, 1971,
p. 720.

de Macrobe, peut-être soucieux de limiter l'intervention de sa source à fournir de simples repères géographiques, que d'une volonté délibérée de l'auteur grec[127].

En d'autres termes, spéculer sur une erreur de Callias qui l'aurait conduit à transplanter des données correctes en un lieu inapproprié rapporte peu : outre qu'elle ébauche moins de solutions qu'elle ne génère de problèmes, une telle thèse obscurcit la personnalité des Paliques plus qu'elle ne la clarifie. Dans ces conditions, revenir à la bifurcation initiale semble de mise pour savoir ce que nous gagnerions à donner raison à l'historien sicilien. Plus précisément et en dépit des risques que cela suppose, prévoir dès la fin du paragraphe précédent que l'exposé de Callias, épargné de toute résection, n'eût jamais poursuivi l'intention d'évoquer une quelconque liturgie ouvrait une piste qui mérite d'être creusée.

En l'espèce, il aurait parlé d'autres cratères qui, effectivement situés dans la région de Géla connue pour en être émaillée[128], auraient ressemblé aux protégés des Paliques[129]. D'autant qu'il n'est nullement assuré qu'il s'agisse de part et d'autre de cratères au plein sens du terme, mais de simples bouillonnements qui ridaient les eaux de cavités dont l'apparence, l'emplacement et l'intensité auraient varié avec le temps[130].

---

[127] Remarquons au passage que les témoignages appelés à étayer la présentation de Macrobe ne représentent pas l'ensemble de la production antérieure, qu'ils semblent avoir été sélectionnés pour illustrer chacun un des segments du sujet traité : Eschyle l'étymologie, Callias la fraternité des Δέλλοι, Polémon l'ordalie des serments et Xénagoras la fonction oraculaire. Ce faisant, l'auteur des *Saturnales* ignore, au propre comme au figuré, certaines références grecques qui, à l'image de celle de Diodore de Sicile, ne sont pas toutes secondaires. Au cas où il s'agirait d'un choix délibéré, dont on regrettera qu'il demeure injustifié, on soupçonnera Macrobe d'avoir voulu illustrer les principaux aspects du culte des Paliques à l'aide d'extraits triés sur le volet. Dans ces conditions, il devient impossible de savoir si chaque auteur se contentait d'aborder le domaine qu'il contribuait à illustrer ou s'il consacrait aux Paliques des développements plus complets dont les *Saturnales* auraient extrait les passages qui cautionnaient leur propre présentation du sujet.

[128] G. CASTELLANA, *Origine*, 1981, pp. 234-243.

[129] Il semble que cette position soit aussi celle de C. JOURDAIN-ANNEQUIN, *Grec*, 1988-1989, p. 143; EAD., *Héraklès*, 1989, p. 287 + n° 307 et EAD., *Leucaspis*, 1992, p. 143 dont la troisième étude parle, en termes elliptiques, d'«une bien curieuse homonymie qui fait se "rejoindre" les lieux de la présence héracléenne en Sicile où le combat du héros grec contre le (ou les) chef(s) des indigènes paraît en étroit rapport avec leurs cultes topiques», soit, d'après le contexte de cette réflexion, Éryx pour son roi éponyme et Géla si Pediacratès est autorisé à y être localisé (*cf. supra* p. 30 n° 85).

[130] Ce qui expliquerait les hésitations des Anciens au moment de fixer le nombre et la nature des nappes d'eau recommandées aux Paliques : *cf. supra* pp. 15 n° 16 et 23 n° 44. P. PELAGATTI, *Palikè*, 1966, pp. 106-107 sur les traces de G.V. GENTILI, *Cinturone*, 1962, pp. 15-16 (avec deux clichés à l'appui : fig. 57 et 58) croit pouvoir identifier ces lieux avec le plan d'eau qu'abrite une grotte creusée sous la Rocchicella (*cf. supra* p. 21 n° 39 et p. 28 n° 70).

Dès lors, l'appellation Δέλλοι ne conviendrait qu'aux δύο κρατῆρες d'Érykè dont la fraternité avec les Paliques serait ainsi plus organique que généalogique. Les mutations qui ne cessent d'affecter l'aspect des phénomènes étudiés suffisent sans doute à motiver l'extrapolation que les informations de Callias inspirent, à des degrés divers, à ses débiteurs : peut-être troublé par l'absence d'autres garants de la présence des Δέλλοι dans le voisinage des Paliques, Polémon[131] aura-t-il transféré ces liens fraternels sur les cratères aux serments où Macrobe[132], moins scrupuleux, crut reconnaître le croquis de Callias. Si nous avons raison, le dossier des Paliques s'alourdirait inutilement de cette référence aux Δέλλοι/*Delli* toujours privés du statut divin qui honore leurs frères de circonstance.

Ainsi s'achève l'énumération critique des replis de la tradition investis des arguments qui altèrent quelque peu le constat établi au moment de localiser le territoire des Paliques. Ceux qui leur contestent le droit d'être deux, quelques lignes de Vibius Sequester et Servius Daniel aux côtés de brèves parenthèses enclavées chez Virgile et Ovide dans le développement d'autres fresques mythiques, seront maintenant passés au crible.

b. «Palici» ou «Palicus» ?

La fin tragique d'un jeune guerrier sicilien anonyme venu rejoindre les troupes d'Énée prêtes à affronter les coalisés inspire à l'auteur de l'*Énéide* une vague allusion aux Paliques dont il a déjà été partiellement question[133]. En voici l'intégralité :

> «Son père Arcens, qui l'avait envoyé à la guerre, l'avait élevé dans le bois sacré de Mars, sur les bords du Symèthe, où l'autel secourable de Palicus est arrosé du sang des victimes»[134].

---

[131] Polémon (= *FGrH* 140 F 83), *apud* Macr., *Sat.*, V, 19, 26 sans l'ingénieuse mais fragile correction de L. Bello (*cf. supra* p. 38 n° 116).

[132] Macr., *Sat.*, V, 19, 19.

[133] *Cf. supra* pp. 31-33.

[134] « ... *genitor quem miserat Arcens*
   eductum Martis luco Symaethia circum
   flumina, pinguis ubi et placabilis ara Palici» (Verg., *Aen.*, IX, 583-585). Nous reproduisons ici la traduction d'A. BELLESSORT, *Virgile VII-XII*, 1967, p. 101 que l'on comparera à celle de J. PERRET, *Virgile III*, 1980, p. 27 («... son père Arcens l'avait envoyé, grandi naguère dans le bois de Mars, au bord des eaux du Symèthus, là où, *dans la graisse des*

Outre que ses repères topographiques laissent à désirer[135], Virgile concède la distribution de largesses divines, un des plus éminents services de la gémellité, à un seul Palique qualifié de *placabilis*. Une double explication — à la fois mythique et géographique — permet de justifier cette simplification.

Au plan mythique, un filet de conjectures incompatibles se propose d'expliquer ce passage du pluriel au singulier : s'il n'est pas dicté par des consignes métriques[136], c'est que Virgile avait prémédité de faire référence à un Palique unique absent des œuvres mineures de la littérature grecque où il s'était documenté[137]. Auquel cas, de deux choses l'une : ou cette instance divine ne bénéficiait plus d'un statut gémellaire (pour autant qu'elle en eût jamais joui) quand l'*Énéide* fut rédigée, ou le poète augustéen entendait signifier que l'épithète *placabilis* s'attachait au seul jumeau qu'il mentionnait. Mais comment l'aurait-il su? En consultant un document dont nous aurions perdu trace ou en recueillant une tradition orale qui n'aurait pas été couchée par écrit? C'est possible, mais peu vraisemblable. Une ultime hypothèse, certes fort ténue, voudrait aussi que Virgile, persuadé d'avoir affaire à des jumeaux, aurait plaqué sur les

---

sacrifices, s'élève, propitiatoire, l'autel de Palicus» : souligné par nous). Celui-ci suppose que ce personnage s'est joint aux Troyens à l'occasion des Jeux funèbres ouverts à des participants venus de toute la Sicile (Verg., *Aen.*, V, 104-108). D'accord avec lui, D. BRIQUEL, *Origine*, 1991, pp. 503-504 + n° 54 se recommande du vers précédent pour suspecter le poète mantouan de s'offrir, par le même truchement, une fugitive allusion au thème largement répandu de l'origine ibérique des Sicanes (Thuc., VI, 2, 2; Philistos [= *FGrH* 556 F 45], *apud* Diod., V, 6; D.H., I, 22, 2; Solin., V, 7; Sil. Ital., XIV, 33-36; Mart. Cap., VI, 646; Serv., *ad Aen.*, VIII, 328).

[135] K. ZIEGLER, *Palikoi*, 1949, col. 100-101; E. MANNI, *Divagazioni*, 1983, p. 175. Il n'empêche que «la vallée du Simeto dessert tout l'arrière-pays de l'Etna, qui a formé sans doute le centre de peuplement le plus important des indigènes de race sicule» (G. VALLET, *Colonisation*, 1962, p. 40). D. ADAMESTEANU, *Ellenizzazione*, 1962, p. 177 parle dans le même sens, avec l'aval de M. GIANGIULIO, *Greci*, 1983, pp. 823-824). Précision qui aura son importance au moment de fixer la «nationalité» du culte des Paliques : *cf. infra* pp. 68-69 + n° 231.

[136] À l'inverse de ce que croit encore E. MANNI, *Divagazioni*, 1983, p. 175.

[137] Puisque selon Macr., *Sat.*, V, 19, 16 et 31 aucun texte latin n'aborde le sujet avant lui. Preuves à l'appui, E. MANNI, *Divagazioni*, 1983, p. 175 conteste justement l'argument, mais tous les auteurs cités sont postérieurs ou contemporains — au moins pour ce qui est d'Ovide (*cf. infra* p. 43) — à Virgile qui dut donc s'en remettre à des autorités grecques et notamment Xénagoras dont ses hexamètres reflètent la déposition (*cf. supra* p. 31 n° 92). Et de fait, Macrobe ne reproche point à ses prédécesseurs latins de méconnaître les Paliques, mais de n'en diffuser aucune identification précise. Il semble surtout regretter leur rareté et leurs modestes dimensions. Observons aussi que Virgile, peut-être le premier auteur latin à traiter du sujet, ne s'intéresse qu'au plan cultuel qui ne retient pas l'attention de ses successeurs, plutôt braqués sur l'exceptionnelle physionomie du site.

Paliques la vision romaine de la gémellité indo-européenne englobée dans la troisième fonction dumézilienne, celle dont les membres, associés aux deux fonctions supérieures en vertu de leurs tempéraments respectifs et de leur liaison à des animaux symboliques, remplissaient des offices opposés, mais complémentaires.

À supposer qu'il ait pris cette initiative, comment les rôles auraient-ils été distribués et que serait devenu le jumeau manquant sinon l'élément évincé au profit de son frère? Comme les précédentes, cette éventualité repose plus sur une construction de l'esprit que sur de tangibles indices. Qui plus est, hormis de courtes allusions d'Ovide[138] et de Vibius Sequester[139], aucune autre source n'évoque un Palique au singulier, si ce n'est Servius Daniel pour signaler qu'un aigle l'a arraché aux entrailles de la terre[140]. Remarquons au passage qu'il s'agit toujours de sources latines postérieures à Virgile et, les *Pontiques* d'Ovide mises à part[141], rédigées en prose : ce qui ne prouve encore rien car leur «*Palicus*» pourrait tout bonnement découler du «*Palici*» de l'*Énéide* ou des *Pontiques*[142]. Partout ailleurs les jumeaux siciliens ne sont jamais découplés, de sorte que confirmer l'attribution du singulier «*Palicus*» à l'un d'eux s'avère bien aléatoire, sans parler de l'impossibilité d'établir l'identité de son frère et les compétences de chacun. De guerre lasse, ce constat de carence conseille, sans enthousiasme excessif, de se résigner à promouvoir l'explication métrique au détriment d'orientations concurrentes qui méritaient néanmoins d'être mentionnées, ne fût-ce que pour être évacuées.

Mais la modification du paysage que mettent en valeur les curiosités naturelles toujours connotées aux Paliques pourrait tout aussi bien légiti-

---

[138] Ov., *Pont.*, II, 10, 25 (*cf. supra* p. 16 n° 23).

[139] Vib., *Flum.*, 18.

[140] Serv. Dan., *ad Aen.*, IX, 581, relai de témoins disparus. Quelle que soit la valeur de ce Palicus, cet ornithomorphisme amorce (*cf. supra* p. 18 n° 30) — bien lâchement, c'est entendu — sa liaison à la première fonction (songeons au rôle de l'*aquila* chez Liv., I, 34, 8-9 et Suét., *Aug.*, 94, 11).

[141] Toutefois, les vers du poète banni, les premiers à aborder dans leur langue la curieuse atmosphère accrochée au site des Paliques (de ce fait, ils dépendent sûrement d'une autorité grecque qui pourrait être Polémon [= *FGrH* 140 F 83], *apud* Macr., *Sat.*, V, 19, 26-27) font alterner pluriel et singulier (aux «*stagna Palici*» d'Ov., *Pont.*, II, 10, 25 répondent en effet les «*stagna Palicorum*» d'Ov., *Mét.*, V, 405-406, ce qui plaiderait en faveur d'un ajustement technique : *cf. supra* p. 16 n° 23) là où l'énoncé virgilien affichait le second.

[142] Comme c'est en tout état de cause le cas de Vib., *Flum.*, 18, lequel aurait servilement recopié au IVe/Ve siècle p.C.n., sans se douter du problème qu'il soulevait, le libellé virgilien : K. ZIEGLER, *Palikoi*, 1949, col. 101. Quoi qu'il en soit, dans une analyse détaillée de l'iconographie relative au mythe des Paliques, A.-FR. LAURENS, *Hébé*, 1992, p. 159 refuse de les dissocier.

mer leur réduction à l'unité glanée chez les auteurs latins cités ci-dessus. Certains Modernes envisagent déjà la disparition d'un des cratères dès l'antiquité[143]. Aujourd'hui en effet, un exemplaire unique se maintient encore dans la zone du Lago di Naftia, là où convergent nos repères géographiques[144], couvert d'émanations de gaz carbonique en été et rempli d'eaux bouillonnantes et fétides, crevées en leur centre de deux puissants geysers, à la saison des pluies[145]. Sans doute les succédanés des phénomènes qui impressionnaient déjà les Anciens. Mais il serait imprudent, pour tenter d'assurer la gémellité des Paliques, d'arguer seulement d'éventuelles lois naturelles qui contraindraient ces phénomènes exceptionnels à une existence temporaire. D'autant que le versant grec de la tradition réserve quelques surprises à qui souhaiterait y trouver une preuve formelle de la dualité des Paliques : comme le terme δίδυμοι, le chiffre δύο n'y apparaît jamais sinon pour dénombrer les frères cratères des Paliques[146].

Que l'explication qui fonde l'apparition du «*Palicus*» virgilien soit d'ordre mythique ou géographique, il demeure que quatre siècles après la publication de l'*Énéide*, dans un commentaire destiné à des lecteurs qu'il intriguerait, Macrobe refuse le singulier d'une dénomination qui, au pluriel, désigne normalement deux êtres divins dont il passe néanmoins la gémellité sous silence[147]. Cette rectification ouvre une réflexion destinée à dissiper l'équivoque des vers incriminés qui fournissent surtout à Macrobe l'occasion de livrer sa propre conception de la personnalité et du champ d'action des Paliques avant de décliner les sources dont il se recommande. Au moment de fixer le contenu du tronc commun, ce

---

[143] M. RAT, *Virgile*, 1965, p. 390 n° 2554.

[144] *Cf. supra* pp. 14-15.

[145] En effet, aux «*lacus breues*» de Macr., *Sat.*, V, 19, 19 se substitue le *lacu* de Macr., *Sat.*, V, 19, 21 qui laisserait sous-entendre la disparition d'un cratère ou l'assignation d'un usage particulier à l'un d'eux (*cf. supra* p. 23 n° 44). On voit donc qu'il est difficile de se faire une idée précise de la configuration du site à l'époque de Virgile.

[146] Chez Callias (= *FGrH* 564 F 1), *apud* Macr., *Sat.*, V, 19, 25 et Polémon (= *FGrH* 140 F 83) *apud* Macr., *Sat.*, V, 19, 26 alors qu'aucune autre source grecque ne précise le nombre de cratères sur lesquels veillent les Paliques : ils auraient pu être plus nombreux sans que le chiffre exact en ait jamais été fixé (K. ZIEGLER, *Palikoi*, 1949, col. 104). Accolé aux Paliques, le chiffre deux n'apparaît que chez Hésych., *s.v°* Παλικοί au sein d'une notice généalogique aussi tardive que ses homologues latines nanties de la même information numérique : celles de Macr., *Sat.*, V, 19, 16 et 18; Serv., *ad Aen.*, IX, 581; *Myth. Vat.*, I, 187 et II, 57. Face à ce silence, on se surprend à se demander, au cas où le nombre de Paliques n'égalerait pas celui des cavités naturelles, si les sources de fraîche date, démunies de renseignements fiables, n'ont pas déduit l'un de l'autre. Ce qui ouvrirait la porte à bien des spéculations.

[147] Macr., *Sat.*, V, 19, 16.

louable souci d'éclaircissement nous a permis d'accéder aux indications d'auteurs dont les travaux ont disparu. Il n'y a donc pas lieu d'y revenir sinon pour relever l'objectif poursuivi : brosser de ces divinités secondaires le portrait que la littérature latine s'avérait incapable de fournir à Virgile alors contraint de se rabattre sur d'obscurs ouvrages grecs. Cela suffit-il à verser les Paliques dans la troupe déjà nourrie des jumeaux légendaires à tonalité hellénique enrôlés sous la bannière indo-européenne[148]? Les lignes suivantes chercheront à vérifier la pertinence de cette première impression.

Avant d'y arriver, réalisons le bénéfice tiré du relevé des interférences qui brouillent la vision conventionnelle dont profite l'image des Paliques. Son volume est dérisoire si l'on admet avec nous que leur rapport aux Δέλλοι résulte du transfert abusif au domaine qu'ils occupent d'une indication de Callias sans doute réservée à un autre site hérissé de cratères analogues. En outre, quelles que soient les raisons dont relève la présence du singulier «*Palicus*» dans certains écrits latins rédigés bien après les sources grecques regroupées chez Macrobe, nous considérerons pour l'instant que, dans les premiers temps au moins et malgré les carences de la documentation, cette antique juridiction divine comptait effectivement deux membres.

---

[148] *Cf. supra* p. 10 n° 2.

CHAPITRE TROISIÈME

QUELLE GÉMELLITÉ POUR LES PALIQUES ?

Ces cadres fixés, l'heure est venue de décider s'ils mobilisent les critères nécessaires à l'incorporation des Paliques dans la catégorie des jumeaux légendaires et à quel titre. Le lecteur attentif des pages précédentes aura sûrement reconnu, dispersées dans le patrimoine des divinités siciliennes, quelques-unes des clauses qu'il sait désormais conditionner cette admission[149]. Éparpillement qui ne manque pas d'intriguer, lui qu'accentue encore le silence des Anciens sur leur statut de jumeaux hors d'une source parmi les plus tardives[150]. Pourtant les canaux mythiques ne font pas mystère de la naissance simultanée des Paliques et les Modernes ne doutent guère de la gémellité qu'elle présume[151]. Dès lors, comment expliquer son expression voilée? Pour l'apprendre tout en se faisant une idée plus précise de l'anatomie prêtée aux Paliques, il importe maintenant de recenser ces indices gémellaires, d'en déterminer la

---

[149] Cf. A. MEURANT, Idée de gémellité, 1996, pp. 7-141.

[150] À l'exception de Myth. Vat., II, 57, toutes taisent cette éminente qualité.

[151] Avec une assurance permanente, FR. ALTHEIM, Italien, 1941, p. 60; H.J.CROON, Palici, 1952, p. 117; G. RADKE, Götter, 1965, p. 243; P. GRIMAL, Dictionnaire, 1976, p. 338; H.J. ROSE, Palici, 1970, p. 771; KL. MEISTER, Palikoi, 1972, col. 425; TH. LADEWIG-C. SCHAPER, Vergils Gedichte, 1973, p. 123 n° 585; M. GRANT-J. HAZEL, Who's who, 1975, p. 307; D. BRIQUEL, Triple, 1976, p. 173; ID., Tradition, 1977, p. 262 n° 27; J. ANDRÉ, Ovide, 1977, p. 74 n° 5; J. SCHMIDT, Dictionnaire, 1978, p. 232; D. BRIQUEL, Romulus, 1980, p. 276 n° 41; E. MANNI, Divagazioni, 1983, p. 183; FR. FRONTISI-DUCROUX, Grecs, 1992, p. 242 et M. MARTIN, Silius Italicus IV, 1992, p. 12 n° 10 tranchent sur la pusillanimité des différents courants de la tradition et, sans hésitation, frappent les Paliques du poinçon gémellaire. Ce consensus enregistre pourtant la dissidence du prudent göttliches Brüderpaar de K. ZIEGLER, Palikoi, 1949, col. 100 et du mutisme de L. BELLO, Ricerche, 1960, pp. 71-97; O. PARLANGÈ-LI, Sostrato, 1964-1965; R. SCHILLING, Place, 1964-1965, pp. 260-265; F.W. WALBANK, Historians, 1968-1969, p. 490; A.L. PROSDOCIMI, Religioni, 1971, pp. 716-722 et P. FABRE, Grecs, 1981, pp. 253-254. En tout cas, cette fascinante anomalie n'est jamais formellement remise en cause.

provenance et d'apprécier les rapports qu'ils entretiennent avec les normes de référence.

À regarder les choses de plus près, la situation rencontrée au moment de dresser la fiche signalétique de la gémellité romaine ne prévaut plus ici. Celle-ci couronnait un édifice légendaire dont l'architecture respectait l'essentiel des directives indo-européennes mais dont les fondations plongeaient dans un fonds commun à toutes les civilisations[152]. Toutefois, loin d'être indépendants, ces compartiments collaboraient étroitement à la construction de l'ensemble. Pour se forger une gémellité adéquate, la mythologie indo-européenne pliait à ses propres exigences une large proportion de constantes internationales. Une fois légué aux folklores dérivés, le résultat obtenu subit lui-même des retouches d'importance diverse qui furent fonction des contingences locales. Dès lors, la marche à suivre pour sonder les soubassements de l'évolution romaine du paradigme gémellaire indo-européen s'imposait : aller du général au particulier, du niveau mondial aux origines de l'*Vrbs*, en passant par le creuset indo-européen, sans que cet exposé progressif néglige jamais de séparer les emprunts des innovations apportées.

Cette fois, comme l'objectif fixé vise précisément à contrôler la gémellité des Paliques et à déterminer le registre dont elle dépendrait, nous évoluons sur un terrain mouvant, privé de balises certifiées, qui déconseille l'usage de la même méthodologie. À Rome, la recherche contemporaine avait bien préparé le chantier : nous savions évoluer en milieu indo-européen face à une gémellité dont l'archétype taillait à ses dimensions les normes internationales qu'il récupérait, bref nous savions ce que nous cherchions et quel cheminement privilégier pour y accéder. En Sicile, la situation se complique puisqu'il faut obligatoirement lever l'hypothèque qui pèse sur la gémellité des Paliques avant de pouvoir la confronter aux modèles que nous nous sommes donnés. Avant d'aller plus loin et afin d'épargner tout investissement inutile, voyons donc s'ils profitent des qualités autorisant l'obtention du statut qu'on leur suppose.

Pour s'en assurer, il suffit de constater que les Παλικοί disposent des constantes gémellaires universelles que chaque système de transcription teinte de couleur locale. Fort de cette garantie, nous pourrons alors décider si les divinités pressenties rejoignent la grande famille des jumeaux indo-européens et, dans l'affirmative, fixer le courant dont elles se réclament. Au cas où les concordances répertoriées paraîtraient plus formelles que fonctionnelles, leur présence procéderait moins d'un héritage commun que d'une imitation tardive, d'un vernis récent qui aurait seulement maquillé l'image d'un noyau gémellaire antérieur à l'imposition du modèle indo-européen. Venu du fond des âges et trempé de ferveur populaire, dormirait alors, banalisé sous la défroque de jumeaux

---

[152] Voir A. MEURANT, *Idée de gémellité*, 1996, pp. 32-138 et *cf. supra* pp. 9-10.

désormais familiers, le discret souvenir d'équivalents locaux auxquels reviendrait le solde du soigneux filtrage qui en aurait favorisé l'apparition, soit ce qui échapperait au moule indo-européen.

Si la plupart des sources disponibles négligent de mentionner la gémellité des Paliques, elles n'en affichent pas moins un certain nombre de paramètres propres au schéma gémellaire universel : à leurs affinités naturelles avec la fertilité s'ajoutent en effet une identité conforme à leur statut supposé, des parents qui ont parfois le profil voulu, la faculté de se poser en recours ultime ou à jouer aux devins et une association aux sources du pouvoir. Fruit de la collation des textes étudiés, cet arsenal de critères gémellaires ne se décline jamais avec une telle limpidité chez un auteur particulier : des fragments en isolent certains en partie injectés, aux côtés d'éléments inédits, dans des synthèses toujours incomplètes[153]. En tout état de cause, la fécondité que dispensent les Paliques cadre parfaitement avec leur condition présumée puisqu'une logique élémentaire, presqu'une intuition spontanée, incite de multiples folklores à associer le phénomène gémellaire à cette évidente symbolique[154]. Plutôt que d'y revenir, il semble préférable de vérifier si les propriétés auxquelles elle s'ajoute participent bien à la confection d'une authentique cellule gémellaire.

Afin de ne pas brûler les étapes, nous le ferons en progressant de proche en proche, des normes internationales aux dérivations du modèle indo-européen. Car une analyse trop superficielle des divinités à définir risque d'inspirer un jugement trop expéditif. Cela s'est déjà produit. À la recherche de refuges analogues à l'*asylum* de Romulus, D. Briquel épingle en effet le sanctuaire des Paliques siciliens qui «appartiennent, comme le montrent nombre de leurs caractères, à la grande catégorie des dieux jumeaux indo-européens»[155]. Nous serons ici moins catégorique car, à ce stade de nos réflexions, ils ne bénéficient pas encore pleinement du label gémellaire et le leur accorder n'implique nullement leur appartenance automatique à cette classe particulière. Comptabilisons d'abord ce qu'ils empruntent au paradigme universel.

---

[153] Au côté des notices de Serv., *ad Aen.*, IX, 581; *Myth. Vat.*, I, 187; II, 57, exclusivement préoccupées de collecter des données légendaires, Macr., *Sat.*, V, 15-31 et Diod., XI, 88, 6-89,7; XXXVI, 3, 3; 7,1 brossent les fresques les plus fouillées. Mais rien n'indique que Macrobe ait recopié l'intégralité des passages chargés d'étayer sa propre conception des Paliques : outre qu'il ne cite pas tous ses prédécesseurs, il pourrait avoir volontairement limité les interventions de ceux qu'il retient à n'illustrer qu'un seul aspect du dossier traité (*cf. supra* p. 40 n° 127).

[154] Arguant de ce seul truisme, D. BRIQUEL, *Romulus*, 1980, p. 276 n° 41 n'hésite pas à en faire des jumeaux à part entière.

[155] D. BRIQUEL, *Triple*, 1976, p. 173 n° 1.

a. La part du paradigme universel

Si la tradition ne dit pas expressément que les Paliques sont des jumeaux, leur nombre et leur indissociabilité invitent déjà à les considérer comme tels. En règle générale, les Paliques sont au nombre de deux[156]. Au plan onomastique, le vocable Παλικοί/*Palici* correspond aux appellations duelles habituellement prêtées aux jumeaux mythiques dont l'identité commune accentue la ressemblance physique[157]. En temps normal, soutenues par des noms différents ou de consonances presque identiques, des personnalités opposées, sinon complémentaires, distinguent chacun d'eux. De plus, un itinéraire particulier attend les individus ainsi typés. On le sait, cette répartition de compétences instaure souvent entre les jumeaux une concurrence pernicieuse où la sanglante défaite de l'un consacre le triomphe de l'autre. Rien de tout cela dans le cas qui nous retient. Solidarité et entente cordiale y prévalent : malgré l'étrange singulier «*Palicus*» venu du canal latin de la tradition, les jumeaux siciliens forment un bloc homogène et pacifique d'où n'émerge aucune individualité : le seul sang qui les concerne est celui des sacrifices humains qu'une initiative intempestive de Servius leur fait sans doute exiger[158]. Faute de recourir à l'artifice de la superfétation, seul procédé capable d'amorcer une distinction dès la conception, la grande majorité des sources confond les Paliques qu'elles élèvent toujours au rang divin.

Toutefois, les parents des Paliques ne rassemblent pas toujours toutes les qualités partout réclamées aux ascendants des jumeaux : du côté paternel, avant d'entrer dans la nombreuse progéniture de Zeus, divinité aérienne plus conforme aux injonctions du paradigme[159], les Παλικοί descendent d'une divinité intimement liée au feu[160]. Au côté maternel de compenser ce léger déficit avec le traditionnel motif de la femme sanctionnée pour avoir donné le jour à des jumeaux. Sous toutes les latitudes, de sévères mesures frappent en effet ces mères qui rompent le cours normal de la nature et perturbent l'ordre social : elles connaissent

---

[156] Macr., *Sat.*, V, 19, 16-18; Serv., *ad Aen.*, IX, 581 que suit *Myth. Vat.*, I, 187; Hésych., *s.v°* Παλικοί, leurs homologues — une fois mis entre parenthèses le *gemini* de *Myth. Vat.*, II, 57 — se réfugiant dans le flou du pluriel. On remarquera qu'il s'agit de documents peu anciens qui, au lieu de répercuter des sources désormais disparues, pourraient déduire ce chiffre du nombre de cratères indiqués par Callias (= *FGrH* 564 F 1) et Polémon (= *FGrH* 140 F 3), *apud* Macr., *Sat.*, V, 25-26, ce qui aurait pour effet de fragiliser la valeur du chiffre annoncé.

[157] *Cf.* A. MEURANT, *Idée de gémellité*, 1996, pp. 39-46 pour le détail de tous les aspects du développement suivant.

[158] *Cf. supra* pp. 31-33.

[159] *Cf. infra*, p. 54 n° 172.

[160] *Cf. infra* pp. 73-82.

l'exil, l'incarcération ou la mort. À sa manière, sur un mode atténué, celle des Paliques épouse cette tragique destinée en se réfugiant sous terre pour échapper au courroux d'Héra jusqu'à l'heure de sa délivrance. Puis on perd sa trace. D'ordinaire, les enfants de ces mères brimées partagent leur triste sort et quand on décide de les supprimer c'est en les exposant en milieu hostile, à l'occasion de pratiques qui s'apparentent à une ordalie, pour éviter qu'un contact fortuit avec ces êtres impurs ne souille l'ensemble de la communauté[161]. Si la légende des Paliques recourt bien à cette cruelle procédure, les rôles des acteurs y sont inversés dans un contexte modifié : au lieu de la subir sous le drapé de la fiction mythique, le binôme sicilien en surveille l'exécution dans la réalité.

Passons maintenant à l'examen des compétences requises à l'exercice de la gémellité[162]. Au rang mondial, les jumeaux mythiques ont à cœur de secourir les hommes confrontés à d'insurmontables difficultés, entretiennent de troubles rapports avec le pouvoir quand ils jettent les fondations de cités nouvelles et, en vertu de leur capacité à ramener la fertilité, il leur arrive d'adresser des oracles efficaces à des peuples dont les caprices de la nature ont ravagé les cultures. Ainsi voit-on les Paliques accueillir les esclaves en cavale comme les mouvements de libération nationale, prescrire à leurs fidèles les remèdes aux disettes qui les accablent, le héros national Doukétios invoquer leur protection au moment d'ériger Palikè et Salvius se proclamer roi sous leur égide.

Cette rapide table de concordance révèle aussi que nos rejetons joviens, bénéfiques quand ils incarnent la providence, mais impitoyables quand ils châtient le parjure, héritent du potentiel équivoque imparti à toute gémellité[163]. Le sens opposé des épithètes accolées, chez Macrobe[164], aux Paliques et aux Δέλλοι/*Delli* qui passent pour leurs frères pourrait recommander cette lecture où la clémence des uns (*placabiles*) tranche sur la sévérité des autres (*implacabiles*)[165]. À nos yeux, l'ambiguïté de la nature gémellaire pourrait avoir contribué à introduire et entretenir la confusion où sombrent les deux appellations. Dans la mémoire collective de l'humanité, on le sait, l'énergie positive de la gémellité n'éclipse jamais totalement sa néfaste contrepartie. Purement spéculatif au départ, ce clivage d'habitude exprimé au sein même de la cellule gémellaire aurait autorisé Macrobe, mal informé de cette convention et

---

[161] *Cf.* A. MEURANT, *Idée de gémellité*, 1996, pp. 54-57.

[162] On les retrouvera énumérées dans A. MEURANT, *Idée de gémellité*, 1996, pp. 51-64.

[163] *Cf.* A. MEURANT, *Idée de gémellité*, 1996, pp. 20-22, 44-46 et 55-57.

[164] Macr., *Sat.*, V, 19, 21 : *cf. supra* pp. 31-33 et 36-37.

[165] L'étrangeté des phénomènes volcaniques observables sur place reflétait sans doute, aux yeux de leurs premiers témoins, l'intransigeance et l'inflexibilité des dieux censés les produire.

surpris de voir le *placabilis* de Virgile contredire la rigueur du châtiment réservé au parjure, à extraire des dérives géographiques dénoncées ci-dessus[166] les moyens matériels de personnifier, en les dissociant, ces aspects incompatibles. À l'inverse, chez Servius, violence et compassion cohabitent chez des Paliques qui, pour apaiser une colère allumée on ne sait comment, exigent le sacrifice de victimes humaines, dont la barbarie cède bientôt la place à des dévotions plus civilisées[167]. On sait que cette particularité a toutes chances de provenir d'une méprise du commentateur de l'*Énéide*. Elle-même pourrait dépendre d'un raisonnement fondé à la fois sur l'attribution intuitive d'une essence gémellaire aux Paliques et sur la comparaison avec d'autres figures analogues. Il supposerait que les membres du duo sicilien, plus soucieux de préserver la quiétude d'une fraternité pacifique que d'allumer une rivalité fratricide, reportent cette violence — latente dans toute forme de gémellité — sur un tiers, peut-être pour prévenir l'apparition de sanglants épanchements que leur propre symétrie pourrait suggérer[168]. Argument indirect tiré d'une démonstration par l'absurde qui plaide également en faveur de leur adhésion au cercle des jumeaux.

Telle est la somme des points communs que les Paliques partagent avec l'archétype gémellaire universel. À l'évidence, leur nombre et leur densité autorisent à verser leurs détenteurs dans la vaste catégorie des jumeaux légendaires, même si des liens plus virtuels que manifestes motivent cette décision. Ceci étant, élever les *Palici* à cette dignité n'implique nullement qu'ils endossent à la même seconde son drapé indo-européen. Aussi, et avant de chercher à comprendre pourquoi l'essentiel de la tradition occulte leur singulière morphologie, décidera-t-on maintenant si cet habillage particulier sied au couple sicilien et, auquel cas, dans quelle évolution, classique ou romaine. Chemin

---

[166] *Cf. supra* pp. 37-41.

[167] Rappelons qu'il n'y a pas forcément lieu d'associer — avec Serv., *ad Aen.*, IX, 581 — cette cruauté au «*pinguis ubi et placabilis ara Palici*» de Verg., *Aen.*, IX, 585 (*cf. supra* pp. 31-33 et 36-37). Dès lors, suivre ces traces et traduire ce tronçon de vers comme le fait A. BELLESSORT, *Virgile VII-XII*, 1967, p. 101 («où l'autel secourable des Paliques est arrosé du sang des victimes» : *cf. supra* p. 31 n° 92) paraît excéder quelque peu la pensée de Virgile. Certes, l'adjectif *pinguis* possède le sens second de «gras du sang des victimes». Néanmoins, en vertu du témoignage de Xénagoras (= *FGrH* 240 F 21), *apud* Macr., *Sat.*, V, 19, 30 dont le Mantouan semble s'inspirer, il paraît plus prudent de lui donner une signification plus neutre («gras, fertile») et de rendre ainsi l'énoncé de l'*Énéide* : «là où l'autel secourable des Paliques croule sous les offrandes».

[168] A. MEURANT, *Idée de gémellité*, 1996, pp. 493-583 précise les conditions nécessaires à l'émergence de ces tragiques débordements.

faisant, les pages suivantes prendront garde de séparer les normes du modèle donné de ce qui leur serait étranger afin de détecter l'éventuelle influence d'une structure locale indépendante du réseau indo-européen.

b. L'adhésion au modèle indo-européen

Moins prononcé que la conformité aux lois universelles du genre, le quota de conventions gémellaires indo-européennes reprises dans le signalement des Paliques n'excède guère le modeste assemblage de deux séries d'éléments de valeur inégale : d'une part, des services accessoires comme la garantie des serments et la sauvegarde des marins; de l'autre, des thèmes majeurs comme la paternité de Zeus, l'éloignement de leur mère et l'attachement aux esclaves. Les quatre premiers éléments fleurissent surtout sur le flanc grec de la zone indo-européenne, le cinquième se rencontre plutôt dans ses cantons hindou et latin[169]. Pour éviter des répétitions nuisibles à la clarté et au débit de l'exposé d'une matière qui s'y prête assez souvent, nous détaillerons d'abord l'ensemble de ce tableau synoptique en progressant, de proche en proche, depuis la filiation jovienne. Ceci fait, nous tenterons aussi d'estimer si le fait de retrouver dans l'hérédité de Romulus certains détails circonstanciels de la naissance des Paliques suffit à y reconnaître le prolongement d'anciennes divinités gémellaires indo-européennes.

Qu'on nous permette encore une remarque préalable à l'amorce de cette double démarche : on observera avec intérêt que le relevé des paramètres répertoriés ne comprend aucune allusion, directe ou indirecte, à la savante organisation qui en milieu indo-européen régente les rapports des jumeaux mythiques. Nulle trace ici des emblèmes, tâches, tempéraments ou autres prérogatives qui découplent normalement les frères tout

---

[169] Nous parlons bien entendu du profond intérêt que des jumeaux mythiques portent au monde servile, non des groupes d'esclaves dénués de tout rapport avec la gémellité qui, chez les Scythes (Hdt, IV, 1-4) et même en territoire grec — le brio de D. BRIQUEL, *Tarente*, 1974, pp. 673-705 décortique ainsi de tels épisodes dans les traditions relatives à Locres (Polyb., XII, 6, a-b) et, pour une part, à Tarente (Serv. Dan., *ad Aen.*, V, 551; Ps-Acron, *ad Hor. Od.*, 11, 6) — interviennent parfois dans les légendes de fondation, à la grande honte des populations concernées. Comme à Rome, le thème des origines serviles est parfois couplé à celui d'ancestraux jumeaux légendaires, mais uniquement — et sans que cela soit une condition nécessaire — lorsque ceux-ci sont de la trempe des héros fondateurs, ce qui n'est pas le cas des Paliques.

en les distribuant sur les deux premières fonctions de l'organigramme dumézilien[170]. Pas question non plus d'âpre querelle qui généralement dégénère en rixe fratricide où le sang du sociétaire de la deuxième fonction sacre le triomphe du représentant de la première. À l'évidence, le patrimoine des Paliques n'abrite que des segments secondaires de cette imposante architecture. Les considérations suivantes décideront s'ils permettent d'incorporer leurs détenteurs au groupe des jumeaux imaginaires indo-européens.

1. LA PATERNITÉ DE ZEUS

Alors qu'un de ses embranchements secondaires situe les Paliques dans la descendance d'Héphaistos, projection grecque d'un Adranos local, la tradition officielle préfère les ranger parmi les multiples bâtards de Zeus[171], divinité aérienne par excellence[172] dont naissent d'autres jumeaux de la mythologie grecque[173]. Toutefois, le maître des cieux ne seconde ici l'étreinte d'aucun mortel en prélude à la différenciation de

---

[170] La lecture de G. DUMÉZIL, *MÉ I*, 1968, pp. 78-79 et 87-89 permet à CL. LÉVI-STRAUSS, *Lynx*, 1991 p. 303 de constater qu'«une tendance constante avait poussé la pensée indo-européenne à gommer les différences entre jumeaux, car divers indices suggèrent qu'elle était plus marquée à l'origine. Le cas de Romulus et Rémus attesterait *la persistance de conceptions anciennes* dont, sous une forme très affaiblie, témoigneraient aussi les talents prêtés à Castor et à Pollux (spécialistes l'un de l'équitation, l'autre de la lutte) et, dans un autre registre, les attributs — sagesse et beauté respectivement — des deux fils des Aśvin» (souligné par nous, *cf.* A. MEURANT, *Idée de gémellité*, 1996, pp. 104-106). Cela voudrait-il dire que nous n'aurions reçu des Paliques, alors comptés parmi les jumeaux indo-européens, qu'une image combinée où se seraient estompés les indices de distinctions antérieures? Il est bien malaisé de le dire. Nous croyons au contraire que l'indistinction qui confond les personnes des Paliques reflète l'état originel et ancien d'une légende locale que sa soumission au paradigme gémellaire indo-européen n'aura pas réussi à défigurer complètement (*cf. supra* p. 48 et *infra* pp. 76-79).

[171] *Cf. supra* pp. 18-20. Comme nous le verrons bientôt (*cf. infra* pp. 63-64 + n° 211), le rapprochement opéré entre Paliques et Dioscures a dû favoriser ce transfert de paternité.

[172] A. MEURANT, *Idée de gémellité*, 1996, pp. 42 n° 106 et 76-78 cerne toute l'importance de ce détail.

[173] *Cf.* A. MEURANT, *Idée de gémellité*, 1996, pp. 78-79. Au nom d'un préjugé gémellaire inconséquent, la référence à ces pères concurrents permit parfois de rapprocher les Paliques des Cabires, alors présentés comme d'autres jumeaux liés au volcanisme et issus de Zeus (*Schol. ad Apollonios*, I, 917) ou de l'union d'Héphaistos et d'une divinité marine (Paus., IX, 25, 6) : P. FABRE, *Grecs*, 1981, pp. 253-254 qui reprend ainsi une thèse que contestait déjà K. ZIEGLER, *Palikoi*, 1949, col. 123.

leurs rejetons respectifs[174] : il assume seul la paternité des Paliques con-
çus d'une nymphe qu'il a déshonorée. En la personne de Mars, Rome
dispose aussi d'un probable substitut d'une divinité au foyer[175] dont l'intervention n'entre pas dans le cadre d'une superfétation. Lorsque la vul-
gate soutient sans s'offusquer que le dieu de la guerre viole la vestale
Rhéa Silvia, elle sous-entend qu'il répond totalement de la double grossesse qui s'ensuit. Or, dans les maigres vers que brode Virgile à propos
du coude du Symèthe où se niche l'*ara Palici*[176] moutonnent les frondai-
sons d'un *Martis lucus*, zone boisée dont le protecteur passe parfois pour
l'équivalent latin d'Adranos[177]. Qui plus est, son feuillage rappelle ceux
des couverts où Mars croise la route de la nièce d'Amulius partie s'ap-
provisionner en eau lustrale[178]. Dès lors que Virgile a bien couché cette
précision sur ces tablettes[179], quel sens lui donnait-il? À la réflexion,

---

[174] *Cf.* A. MEURANT, *Idée de gémellité*, 1996, pp. 42-46.

[175] A. MEURANT, *Idée de gémellité*, 1996, pp. 458-465 : *cf. infra* pp. 73-75.

[176] Verg., *Aen.*, IX, 584-585 : rappelons à toutes fins utiles que l'interprétation de ces quelques lignes suscite d'importants problèmes (*cf. supra* 31-33 et 41-45).

[177] *Cf. supra* p. 19 n° 34. Fort des δένδρα ἱερὰ de Ael., XI, 3, L. BLOCH, *Palikoi*, 1897-
1902, col. 1295 pense même que Virgile pourrait avoir converti en ces termes un «Hain des
Adranos».

[178] Liv., I, 4, 1-3; D.H., I, 77, 1; Ov., *F.*, III, 2; *Origo*, XX, 1; Tzetz., *in Lycophr. Alex.*,
v. 1232.

[179] À la vérité, la dénomination de ce *lucus* n'a rien d'absolu : elle découle de la graphie
brouillée de manuscrits qui donnent à lire *matris* aussi bien que *Martis* (L. BLOCH, *Palikoi*,
1897-1902, col. 1295). Instruits du faible engouement de la Sicile pour le culte de Mars (*cf.
infra* p. 56 n° 180), les éditeurs de textes privilégient plutôt la première leçon dont ils croient
qu'elle désigne tantôt Cybèle, tantôt une nymphe anonyme dont Arcens aurait conçu son fils.
Ceci n'empêche pas A. BELLESSORT, *Virgile VII-XII*, 1967, p. 101 + n° 2 de militer en faveur
de Mars. D'un point de vue plus dogmatique, ces deux options ne défigurent nullement une
filiation gémellaire de la mouvance indo-européenne : Mars parce qu'il engendre les jumeaux
fondateurs de l'*Vrbs*, sans oublier qu'Arès, son calque grec, procrée de la même façon les
héros arcadiens Lycastos et Parrhasios (Zopyros de Byzance, [= *FHG* IV pp. 531-532 F 1],
apud Ps- Plut., *Par. Min.*, 36) dans un contexte fort proche de celui de la légende romaine; la
Grande Mère parce qu'elle symbolise la fertilité consubstantielle à l'idée illustrée. En outre,
l'adjonction d'une figure féminine, mère ou sœur, transforme souvent les épiphanies de la
gémellité indo-européenne en triade radieuse quand elle ne produit pas de fougueux épisodes
qui voient ce type de jumeaux libérer leur parente d'une pénible réclusion (*cf.* A. MEURANT,
Idée de gémellité, 1996, pp. 98-100 et *infra* pp. 57-61). Rien de tout cela dans une
hypothétique liaison des Paliques à Cybèle. Il serait donc téméraire d'affirmer que, sans autre
forme de procès, sa seule participation à une donnée topographique finalement assez floue
suffise à insérer les Paliques dans l'épais catalogue des jumeaux indo-européens. Aussi préfé-
rons-nous juger de ce qu'apporte, une fois creusée à fond, la piste centrée sur Mars, même si à
travers Cybèle peut se profiler la frêle silhouette de Rhéa Silvia : D. BRIQUEL, *Jumeaux*,
1976, pp. 77 n° 12 et 95-96.

trois mobiles pouvaient guider sa pensée, qu'un seul ait reçu sa préférence ou qu'ils s'entrecroisent à différents niveaux : le Mantouan savait-il qu'aux abords de l'enceinte des Paliques bruissait un véritable bois dédié à Mars, divinité pourtant peu en vogue en Sicile[180]? Usait-il de ce bouquet d'arbres, réels ou imaginaires, comme point d'ancrage d'une cheville métrique destinée à refléter la valeur belliqueuse du renfort envoyé à Énée? Devinant à la faveur de ses lectures grecques l'exceptionnelle morphologie du *numen* dont il parlait, instruit à la même enseigne des circonstances de sa naissance supposée, cherchait-il à la transposer dans le décor réservé à la conception des emblématiques jumeaux romains nés des amours de Mars et Rhéa Silvia[181]? En vertu des incertitudes qui handicapent cet extrait de l'*Énéide*, il paraît illusoire de vouloir motiver avec assez d'assurance le dessein de l'auteur. Pour autant que Virgile se réfère vraiment à Mars, bornons-nous à dire que le champ des suggestions avancées a de bonnes chances de défricher la voie du raisonnement qui a déterminé son choix.

Ajoutons que l'économie de tout appel aux précieuses ressources de la superfétation dans les traditions relatives à la genèse des Paliques et de Romulus et Rémus n'autorise pas la complète superposition de leurs effigies respectives. Face au bloc monolithique des rejetons joviens, les *Martigenae* habillent leurs identités individuelles de naturels, de rôles et de talents distincts qui ne les empêchent pas d'échanger les trajectoires imposées aux autres jumeaux indo-européens répartis sur les deux premiers degrés de la hiérarchie trifonctionnelle. Mais à partir de l'adolescence seulement : jusqu'alors ils cheminent toujours côte à côte, sans jamais se désolidariser[182]. Parce qu'elle a peu cours ailleurs et pas du tout chez les jumeaux fidèles au paradigme indo-européen[183], une telle uniformité — perpétuelle pour les Paliques, mais temporaire pour les fils de Rhéa Silvia — pourrait apparaître comme un des attributs d'une ancienne gémellité locale, non indo-européenne, qui aurait

---

[180] Que ce soit dans sa forme latine ou sous les traits d'Arès, son équivalent grec (J. Heurgon, *Culti*, 1972, pp. 62-63 et 65-68 étend même ce désintérêt à toute la Grande Grèce).

[181] Sur les «mensonges» forgés par les poètes appelés à livrer leur propre représentation de scènes classiques glanées chez d'autres versificateurs ou dans des ouvrages à vocation historique, on se référera à A.H. Krappe, *Genèse*, 1952, pp. 20-26 et, plus récemment, à la pertinente mise au point de P. Veyne, *Grecs*, 1983 que compléteront efficacement les observations que propose, avec la bibliographie correspondante, A. Meurant, *Idée de gémellité*, 1996, pp. 398-399.

[182] *Cf.* A. Meurant, *Idée de gémellité*, 1996, pp. 78-81 et 113-118.

[183] À l'exception notable du cas des Aśvin (A. Meurant, *Idée de gémellité*, 1996, p. 104 : *cf. supra* p. 54 n° 170) qu'il faut ramener à de justes proportions (*cf. infra* p. 70 n° 237).

totalement subsisté en Sicile et partiellement à Rome. Pour l'heure, il serait cependant dangereux d'extrapoler dans cette direction à partir de données aussi ténues qu'isolées. Mieux vaut se contenter d'en pointer l'éventualité. Attentives à cette possible inflexion de leur recherche, les pages suivantes s'attacheront néanmoins à ne pas délaisser d'autres signes aussi significatifs, surtout s'ils définissent les contours d'un ensemble cohérent.

2. LA MÈRE ÉLOIGNÉE

On a vu la nymphe sicilienne enceinte des œuvres de Zeus s'enfuir dans les entrailles de la terre pour échapper à la rancune tenace d'Héra qu'aigrissent les infidélités répétées de son époux[184]. Sa grossesse s'épanouira au fond de cette retraite judicieuse qui, le moment venu, éjectera vers la surface les deux enfants dont sa protégée se sera délivrée[185]. La

---

[184] Prélevée par Serv., *ad Aen.*, IX, 581 chez d'anonymes antiquaires et docilement transcrite par *Myth. Vat.*, I, 187, une variante isolée de ce canevas classique réserve cette faveur aux seuls fruits de ces amours illégitimes (*cf. supra* p. 20 n° 37).

[185] Toutefois, ce schéma où la dissimulation de la mère précède l'émergence de ses enfants au grand jour rappelle une autre allégorie chargée de véhiculer l'idée de fécondité : l'épisode du rapt de Corè par Hadès où D. BRIQUEL, *Jumeaux*, 1976, p. 97 croit pouvoir reconnaître la préhistoire du thème de la mère de jumeaux prisonnière d'un oncle hostile. Si *Hymn. hom. à Dém.*, I, 17-18 situe dans la plaine mythique de Nysa (dont la localisation voyage d'ailleurs de la Carie à la Sicile : J. HUMBERT, *Homère. Hymnes*, 1951, p. 41 n° 2), le mythe de Perséphone dont le séjour souterrain correspond au temps de germination des semences et le passage à l'air libre à la période de floraison, la tradition de veine alexandrine (Callim., *Hym.*, 6, 29-30 et F 146; Diod., V, 4; Lycophr., *Alex.*, 152-153 : K. ZIEGLER, Σικελία, 1923, col. 2519; M. DARAKI, *Dionysos*, 1985, pp. 118-119), reprise en milieu latin (Cic., *Verr.*, IV, 107; Ov., *F.*, IV, 417-454 dont L. PEARSON, *Myth*, 1975, p. 186 tempère la position fort du soutien de la numismatique), transporte l'événement sur le plateau fleuri d'Henna. En tout cas, un passage d'Ovide (Ov., *Mét.*, V, 402-408) où le char d'Hadès emporte Perséphone au-dessus des sulfureux étangs des Paliques juxtapose, dans le même périmètre sicilien, les deux légendes en un saisissant rapprochement. Chacune brode-t-elle à sa manière sur un thème foncièrement sicilien d'inspiration volcanique? Ce qui est sûr, c'est que Cic., *Verr.*, IV, 106-108 qualifie de *uetus opinio* la dévotion de toute la Sicile à Cérès et Libera (sur la haute implantation dans l'île triangulaire du culte de Déméter qui y recouvre peut-être celui d'une fantomatique déesse pélasgique, voir Cic., *Verr.*, IV, 108 et, pour les Modernes, J. BÉRARD, *Colonisation*, 1941, p. 540; R. SCHILLING, *Place*, 1964-1965, pp. 272-275; A.L. PROSDOCIMI, *Religioni*, 1971, pp. 718-720; L. PEARSON, *Myth*, 1975, p. 187; P. FABRE, *Grecs*, 1981, pp. 251-252, ce que pondèrent P. LÉVÊQUE-L. SÉCHAN, *Grandes divinités*, 1990, p. 135 qui en retrouvent la forme la plus primitive en Arcadie). En l'espèce, les colons grecs auraient alors fort bien pu s'appuyer sur l'argument de cet ancien noyau local pour doter les Paliques d'une généalogie inspirée de celle d'Érichthonios ou de Tityos (*cf. infra* pp. 82-87). Offrent-

crevasse où les Paliques voient le jour évoque celles dont ils cautionnent le rituel et ils sont propulsés à l'air libre comme les geysers qui arrosent ces cavités. L'alésage mythique a sans doute transposé en ces termes les phénomènes exceptionnels observables *in situ*[186], lesquels se prêtaient aisément à l'introduction du χάσμα, en clair du thème de la terre s'ouvrant pour recevoir ou rendre à la lumière des hommes et des dieux[187]. À

---

elles plutôt des développements indépendants d'une même image d'origine indéterminée? En ce cas, leur conjonction témoigne-t-elle d'un rayonnement si formidable de l'histoire des Paliques qu'il aurait contribué à transférer en Sicile la poursuite que Déméter mène aussi en Grèce métropolitaine (Isocr., *Panég.*, 28; Ov., *F.*, IV, 495-560 : M. GUIDO, *Sicily*, 1977, pp. 131-132; P. FABRE, *Grecs*, 1981, pp. 251-252; M. DARAKI, *Dionysos*, 1985, pp. 131-141)? À moins que l'envoi à l'air libre des Paliques ne soit que la projection simplifiée de la célèbre légende grecque sur un terrain propice. Alors? Les mythes de Perséphone et des Paliques sont-ils tous deux originaires de Sicile ou le premier, venu de Grèce, a-t-il déteint sur le second? Énoncée ainsi, l'alternative paraît trop radicale à la lecture comparée des deux légendes qui dégage moins de concordances qu'une chaîne de différences, nettes et évidentes pour la plupart. En clair, leur conformité est plus formelle que structurelle et leurs intrigues respectives ne poursuivent pas les mêmes objectifs en déployant leurs fastes autour d'un mouvement ascendant qui, connoté à l'idée de fertilité, prend son impulsion sous l'écorce terrestre de la Sicile : du côté de Perséphone, l'élan ascensionnel devient cyclique suite à l'accord conclu entre les parties concernées pour décider Déméter à reprendre ses précieuses fonctions; du côté des Paliques, cette projection, unique par essence, constitue la conclusion logique d'une grossesse où — Zeus mis à part mais dans un tout autre rôle — n'intervient aucun des acteurs groupés autour de Perséphone. Dans ces conditions, il paraît préférable d'admettre que les deux récits, dès le départ bâtis sur des scénarios indépendants, aient tout bonnement inclus une image identique, parfaitement adaptée au paysage où les Paliques étaient censés avoir vu le jour et à la métaphore de la germination à laquelle donne corps la réclusion temporaire de la fille de Déméter. Leur superposition dans les vers d'Ovide ne serait donc que fortuite, justifiée par un louable souci de baliser la trajectoire de la course de Pluton. Au vu de ce qui précède, les fruits de la comparaison entreprise ne versent en tout cas aucune preuve décisive en faveur de la thèse d'une gémellité de souche indo-européenne des Paliques. Ajoutons pour l'anecdote que Cérès frôle néanmoins indirectement la sphère gémellaire lorsque, lancée sur la piste de sa fille disparue, elle embrase aux lèvres incandescentes de Typhée des *geminas pinus* (Ov., *F.*, IV, 493) chargés d'éclairer sa course éperdue.

[186] Aux yeux de A.L. PROSDOCIMI, *Religioni*, 1971, p. 722, ils incarnent même la personnification divine des puissances naturelles qui bordent leur τέμενος.

[187] I. LÉVY, *Dieux siciliens*, 1899, pp. 268, 274 qui est le seul à le rapporter directement aux Paliques et J.-P. VERNANT, *Formation*, 1990, p. 200 qui l'associe étymologiquement au χάος. Pour une définition plus pointue de ce motif, on renverra encore à H. PODBIELSKI, *Chaos*, 1986, pp. 253-263. Disons seulement que, pressé d'en finir avec Cronos, Zeus avait ramené à la lumière les Cent-Bras que son père, qui ne pouvait les souffrir, contraignait à demeurer ensevelis au tréfonds de l'Érèbe souterrain, fils de Chaos (Hés., *Théog.*, 668-673 et les précisions de J.-P. VERNANT, *Cosmogonies*, 1990, pp. 125, 134-135). On comprend donc pourquoi Briarée, l'un de ces monstres, fut parfois présenté comme le grand-père maternel des Paliques (*cf. supra* p. 18 n° 32) : ramenés du sous-sol à la clarté du jour, tous trois

la réflexion, ce refuge ressemble à s'y méprendre aux sombres prisons où croupissent des mères de jumeaux indo-européens[188] comme Rhéa Silvia[189], Mélanippe[190], Tyro[191], Cléopatra[192] et Antiope[193]. Mais les prolongements de ce thème littéraire divergent nettement selon ses lieux d'exploitation. En Sicile comme à Albe, la chronique des naissances gémellaires paraît se désintéresser complètement du devenir de la parturiente, mais à des moments différents: Rhéa Silvia dès son incarcération, la mère des Paliques immédiatement après son accouchement[194]. Particularité des deux épisodes en question, cette distorsion contribue à les opposer plus précisément aux récits apparentés de Grèce métropolitaine où la figure correspondante occupe une place centrale[195] : à l'occasion de leur plus haute prouesse, ses enfants mettent un terme à sa détention. Absent en Sicile, ce schéma de réclusion/délivrance profite dans la geste roméenne à Numitor, le souverain déposé[196].

Quoi qu'il en soit, il semble bien qu'en Italie la mère des jumeaux devienne quantité négligeable après la naissance de ses enfants. En effet, jusqu'ici son éviction — compensée par le report sur Numitor du schéma libération/réhabilitation propre à ses consœurs grecques — n'avait été soulignée que dans la geste de Romulus dont elle contribuait à étayer la spécificité. Puisque son emploi en Sicile interdit d'en réserver l'exclusivité aux jumeaux romains, l'oubli où s'abîme la mère des jumeaux pourrait prendre valeur de constante propre aux actualisations de l'arché-

---

empruntaient, avec la bénédiction de Zeus, la même trajectoire libératrice. Ainsi précisé, le thème du χάσμα disposait de tous les atouts pour figurer dans le creuset de l'imaginaire sicilien quand celui-ci façonna les Paliques aux mesures de ses besoins. Ainsi s'explique aussi qu'A.-FR. LAURENS, *Hébé*, 1992, p. 158 interprète l'élan ascensionnel des divinités siciliennes comme le passage de l'obscurité à la lumière.

[188] Dans le cas des Dioscures, cet emprisonnement atteint non pas leur mère, mais leur sœur Hélène ravie par Thésée (*cf.* A. MEURANT, *Idée de gémellité*, 1996, pp. 98-99).

[189] Liv., I, 4, 3; D.H., I, 79, 2; Plut., *Rom.*, 3, 4 dont A. MEURANT, *Idée de gémellité*, 1996, pp. 421-467 présente les variantes.

[190] Hygin., *Fab.*, 186.

[191] *Anth.*, III, 9.

[192] Diod., IV, 43, 3-4; 44, 3; *Anth.*, III, 4.

[193] Eur., *apud* Hygin., *Fab.*, 8.

[194] A.-FR. LAURENS, *Hébé*, 1992, p. 159 insiste sur ce point.

[195] En Grèce, pour autant qu'on puisse se fier à des sources fort synthétiques, ce motif manque aussi dans les histoires de Phylomenè et Akakallis, mères respectives de jumeaux arcadiens (Lycastos et Parrhasios : Zopyros de Byzance [= *FHG* IV pp. 531-532 F 1], *apud* Ps-Plut., *Par. min.*, 36) et crétois (Phylakidès et Phylandros : Paus., X, 16, 5) : D. BRIQUEL, *Jumeaux*, 1976, pp. 73-97 analyse longuement le rôle de cette figure fondamentale des intrigues gémellaires indo-européennes.

[196] D. BRIQUEL, *Jumeaux*, 1976, pp. 76-82.

type gémellaire indo-européen, tous clivages confondus, localisées dans toute la péninsule[197]. Ce qui forcerait les Paliques à devenir l'une d'elles. On s'étonnera pourtant avec raison de voir la saga romuléenne dont furent déduites les infractions romaines aux consignes indo-européennes et la légende aux accents grecs des Paliques, deux intrigues que la démarcation des langues distingue moins que leurs aménagements respectifs, détourner définitivement leur attention des femmes qui enfantent leurs jumeaux tuteurs. Du fait même que cet effacement consolidait à Rome une structure originale, indépendante des principales dérivations du standard indo-européen, grecques entre autres, il semblerait paradoxal de le retrouver dans ce qu'il contribuait à repousser.

À moins d'imaginer que, sous son manteau grec, la tradition relative aux Paliques dissimule, aux côtés des vestiges d'une ancienne gémellité locale, quelques traces des anomalies qui différencient les *Martigenae* du reste de leurs homologues indo-européens. En l'espèce, elle rendrait l'image d'une construction composite, sorte de «patchwork» gémellaire confectionné à partir des trois variantes du thème symbolisé — ses factures locale, indo-européenne classique et la déviance romaine de la précédente — disponibles dans la région. Un peu comme si la morphologie symétrique des Paliques dégageait assez de magnétisme pour truster autour d'elle, transformée en cercles concentriques, toute la gamme des adaptations gémellaires croisant dans ses parages. Mais est-ce vraiment le cas?

Car la situation se complique encore quand on sait que le récit de conception des dieux jumeaux siciliens accueille une figure omniprésente dans les récits helléniques, mais exclue des enfances de Romulus et Rémus[198] : l'antipathique persécutrice de la mère des jumeaux[199]. Tel est le rôle réservé à Héra dans le cas que nous étudions. Sa nature divine lui épargne assurément le trépas que les jumeaux, à

---

[197] D. BRIQUEL, *Jumeaux*, 1976, pp. 73-97 use précisément de ce segment légendaire comme pierre de touche pour mieux scinder les groupes grec et romain de jumeaux indo-européens.

[198] Elle intervient cependant en demi-teinte chez D.H., I, 78, 1-2, soit sous la plume d'un auteur grec soucieux d'accorder le récit romain aux mesures de ses contes nationaux : D. BRIQUEL, *Jumeaux*, 1976, pp. 85-86.

[199] Cette attitude est ainsi celle de Siris (Eust., *ad D.P.*, 461 [= *GGM* II, p. 249]) et de Théano (Hygin., *Fab.*, 186) dans la légende de Mélanippe; d'Idaea, fille du roi Dardanos, (Diod., IV, 43, 3-4) ou d'une Phrygienne anonyme (*Anth.*, III, 4) dans celle de Cléopatra; de Sidero dans celle de Tyro (Diod., IV, 68, 2; Apoll., I, 9, 8; *Anth.*, III, 9; *Schol. in Alex.*, 175); de Dirkè enfin dans celle d'Antiope (Hygin., *Fab.*, 8; *Anth.*, III, 7) : quand les jumeaux libèrent leur mère, cette femme acariâtre paie son aversion de sa vie. À la cour d'Albe, la rivalité qui dresse ces deux figures féminines l'une contre l'autre se reporte sur les fils de Procas avec le trône pour enjeu : D. BRIQUEL, *Jumeaux*, 1976, pp. 82-95.

l'heure de venger leur mère, infligent aux êtres comparables issus du genre humain. Du même coup, loin de brouiller les pistes, la présence de cet élément typiquement grec pourrait expliquer qu'on ignore tout du futur de la mère des Paliques. Si rien n'empêchait des jumeaux héroïques de s'en prendre à de simples mortelles, il était interdit aux Paliques de supprimer la femme de Zeus. Puisque celle-ci ne pouvait disparaître, leur mère devait demeurer à sa place et le plus facile était de ne plus en parler. À nos yeux, cette différence statutaire de la victime désignée, unique dans toute la veine grecque de la tradition, suffit largement à gripper les rouages de l'intrigue. Et l'absence du transfert de cette inimitié sur des substituts masculins renforce encore ce sentiment. Nul besoin, en l'occurrence, de se référer à la formule romaine de la gémellité indo-européenne[200] : celle des Paliques possède donc toutes les chances d'enrober un ancien substrat local d'un simple enduit grec. Dans cette optique, et pour autant que le raisonnement tienne la distance, les correspondances étrangères à la typologie indo-européenne qui rapprocheraient Romulus et Rémus du binôme sicilien, à la manière de la solidarité gémellaire, proviendraient moins d'une large diffusion des normes appliquées aux jumeaux albains que d'une participation commune à un dispositif gémellaire de vieille souche, strictement italien et recouvert des modulations de l'archétype indo-européen : romaine au centre de la péninsule et grecque en Sicile[201].

De plus, quand Zeus entre en scène aux abords de l'Etna, c'est pour violer la mère des Paliques[202], toujours une nymphe quelles que soient son identité et celle de son séducteur : ainsi retrouve-t-on, comme à Rome, le thème de la conception virginale commun à de nombreuses naissances féeriques[203]. Ce qui ne prouve donc pas grand-chose. Fait plus curieux, son intervention n'embraie pas sur les épisodes qui le complètent d'ordinaire. Nulle trace ici du célèbre cycle mythique, commun à maintes genèses de jumeaux merveilleux, où s'égrène le chapelet de leurs

---

[200] Considérée sous un autre angle, la même séquence mythique pourrait en effet manifester l'esquisse d'un clivage issu de nuances introduites, au centre et au sud de l'Italie, dans des formes dissidentes de l'étalon gémellaire indo-européen : d'un côté la légende des Παλικοί éliminerait rapidement leur mère pour conserver l'intervention de l'ennemi féminin (prouvant sans doute par là les relations qu'elle entretient malgré tout avec les parallèles grecs de même nature); de l'autre, l'histoire de Romulus et Rémus oublierait tout aussi vite Rhéa Silvia pour donner à la figure rivale les traits masculins d'Amulius.

[201] D. BRIQUEL, *Jumeaux*, 1976, p. 94 n° 62 soupçonnait déjà l'Italie préindo-européenne de disposer d'un tel support.

[202] À cet égard, le vocabulaire est net : au «*compressu Iouis*» (Macr., *Sat.*, V, 19, 18 dont découle probablement le «*Iuppiter compressit*» de *Myth. Vat.* II, 57) répond le «*Iuppiter cum uitiasset*» (Serv., *ad Aen.*, IX, 581 que reprend *Myth. Vat.*, I, 187).

[203] *Cf.* A. MEURANT, *Idée de gémellité*, 1996, pp. 150-151.

épreuves : l'exposition en milieu hostile, l'allaitement des soins d'un animal sauvage et l'éducation en milieu rural. Sans doute parce que les jumeaux concernés émargent encore au registre divin auquel conviennent peu les étapes de cet itinéraire probatoire plutôt appelé à certifier l'admission de leurs homologues héroïques dans la glorieuse catégorie des êtres d'exception. Notons qu'en la circonstance Zeus, qui — à l'instar d'autres géniteurs de jumeaux grecs — n'agit jamais ainsi dans les récits où sa puissance dédouble le fruit de légitimes amours humaines, inflige à l'objet de son désir une violence égale à celle dont Mars accable Rhéa Silvia[204]. Avec une différence notable entre le cas sicilien et les récits comparables en circulation par-delà le canal d'Otrante. Là-bas, Zeus féconde toujours, dans l'ombre de son mari, une épouse alors vouée à enfanter des δίδυμοι dissymétriques: dans l'aventure, le rejeton jovien gagne l'éternité de la divinité quand l'angoisse de l'éphémère étreint l'existence de son frère[205]. L'ingénieux artifice de la superfétation fend ainsi sans délai l'indivis de la gémellité. Dans les séquences suivantes, la lézarde ainsi ouverte ne cesse de se creuser : à terme, une disparité de caractères, de compétences et de destinées achève de briser l'homogénéité fraternelle.

Rien de tout cela au crédit des Paliques qui, abstraction faite des positions marginales de Virgile et d'Ovide[206], demeurent confondus chez tous les antiquaires qui s'y intéressent. Or, le stratagème de la superfétation s'enracine au plus profond du système gémellaire indo-européen[207]. Son absence en Sicile plaide donc pour l'autochtonie de jumeaux qu'il n'aide pas à découpler : les lignes où Polémon n'hésite pas à les qualifier d'αὐτόχθονες θεοί renforcent d'ailleurs ce sentiment[208]. De sorte

---

[204] Avec «*compressisse*» et «*compressam*», *Origo*, XIX, 5; XX, 1 reprennent exactement une fraction des termes regroupés à propos des Paliques (*cf. supra* p. 61 n° 202).

[205] A. MEURANT, *Idée de gémellité*, 1996, pp. 77-80 présente, nantis d'un large appareil bibliographique, quelques exemples de cette scission.

[206] *Cf. supra* pp. 41-45.

[207] *Cf.* A. MEURANT, *Idée de gémellité*, 1996, pp. 79-80 + n° 231.

[208] G. COCCHIARA, *Paganitas*, 1964-1965, pp. 403-404; O. PARLANGÈLI, *Sostrato*, 1964-1965, p. 238; A. KOSSATZ-DEISSMANN, *Dramen*, 1978, p. 34; M. GIANGIULIO, *Greci*, 1983, p. 832; E. MANNI, *Divagazioni*, 1983, p. 184 et C. JOURDAIN-ANNEQUIN, *Grec*, 1988-1989, pp. 155, 157-158; EAD., *Héraclès*, 1989, p. 291; EAD., *Leucaspis*, 1992, pp. 142, 147-148 insistent sur cette indication capitale que livre Polémon (= *FGrH* 140 F 83), *apud* Macr., *Sat.*, V, 19, 26 (pour sa part, E. MANNI, *Divagazioni*, 1983, p. 178 transfère aux ἐγχώριοι la qualité d'αὐτόχθονες dont Polémon affuble les Paliques). Significative est à cet égard la judicieuse observation de S. NICOSIA, *Civiltà*, 1984-1985, p. 411 n° 27 notant qu'une iconographie inspirée de ce mythe ne se retrouve que sur la céramique grecque occidentale. Poussée au bout de sa logique, l'observation n'est pas mince : puisque cette séparation *in utero* épargne aussi Romulus et Rémus, une certaine cohérence voudrait les lester d'un même socle légendaire, à la fois local et très ancien.

que, les indices s'accumulant, l'idée d'une formule gémellaire imaginée en Italie préindo-européenne gagne progressivement en consistance. De même que se précise la méthode capable d'en exhumer les débris cachés sous les systèmes de représentation venus l'étouffer : rentreraient dans cette catégorie les invariants locaux sauvegardés, sous des toilettes bigarrées, dans des pans légendaires et des directives rituelles prélevés en divers points de la péninsule. Étrangers aux émanations — orthodoxes ou dissidentes — du paradigme indo-européen, ils devraient souffrir d'un isolement apte à faciliter leur repérage.

3. La sauvegarde des navigateurs et l'amour de la vérité

Dans cette perspective, ajoutons encore une pierre à l'édifice. Deux compétences que gèrent les Paliques, l'aide apportée aux marins en détresse et le dépistage des parjures, semblent, comme la paternité de Zeus, directement empruntées à la juridiction des Dioscures. Sans pour autant être situées sur le même plan : la première comptant au nombre de leurs plus éminentes assistances, la seconde de leurs activités accessoires[209]. Ces analogies invitent-elles la paire sicilienne à rejoindre, séance tenante, les rangs compacts des jumeaux légendaires indo-européens? À première vue, pareille affectation se comprendrait aisément. Pourtant, à la lumière de l'examen approfondi consigné dans les pages précédentes[210], nous penserions plutôt ravaler les prérogatives maritimes des Paliques au rang d'une adjonction secondaire greffée sur d'anciens jumeaux locaux pour mieux les ajuster aux impératifs de l'imaginaire gémellaire des colons grecs.

Le cas des serments à valider est lui moins net. Certes les Dioscures, en vertu de l'étroite affection qui les soude, sont les gardiens de l'amitié, des pactes conclus entre amis, ainsi que des promesses solennelles et des contrats de toutes sortes[211]. De plus, leur nom saute aux

---

[209] Nous avons déterminé — *cf.* A. MEURANT, *Idée de gémellité*, 1996, pp. 100-102 — leur place respective dans les multiples services que les Dioscures rendent l'humanité. Notons cependant que l'importance de chaque protection étudiée change en fonction du groupe divin auquel on la rapporte : l'évaluation des serments constitue une facette fondamentale du culte des Paliques et leur intérêt pour les marins un trait anecdotique alors que ces proportions s'inversent exactement dans le dossier des Dioscures.

[210] *Cf. supra* p. 29.

[211] M. ALBERT, *Dioscuri*, 1892, pp. 263-264; J.R. HARRIS, *Cult*, 1906, p. 55; A.H. KRAPPE, *Mythologie*, 1930, pp. 96-97; FR. CHAPOUTHIER, *Dioscures*, pp. 241 et 235

lèvres féminines portées à jurer[212]. Notons sans plus attendre que Paliques et Dioscures cautionnent deux types d'engagement bien différents : si les premiers jaugent la probité de serments proférés à l'occasion de litiges judiciaires qu'ils sont invités à trancher en punissant sévèrement qui cherche à les duper, les seconds assurent la pérennité de liens officiels ou privés dont la rupture entraîne des sanctions fort hypothétiques[213]. Dans ces conditions, croire que cette part des prérogatives des Dioscures ait pu exercer une influence déterminante sur le rituel des Paliques relève de l'extrapolation abusive : tout au plus les ressemblances que partagent ces deux paires divines ont-elles contribué à les juxtaposer et à faire de Zeus leur père commun.

Qu'il suffise de rappeler ici le poids de l'autorité morale des Paliques et de leur talent en cette matière particulière bien avant que la religion grecque n'entreprenne d'annexer leur culte. Il est dès lors légitime de supposer que sa normalisation rencontra des résistances dues au prestige tenace qu'il exerçait sur la sensibilité insulaire[214]. Au point qu'on peut se demander si l'appareillage de la gémellité indo-européenne n'a

---

qui prête les mêmes qualités aux Cabires, autres jumeaux dont les Paliques furent parfois rappochés (*cf. supra* p. 54 n° 173).

[212] Les fameux *ecastor* et *mecastor* dont la tradition indienne possède l'équivalent (R. SCHILLING, «*Castores*», 1979, pp. 351-352). Varr., *apud* Gell., XI, 6 y ajoute *edepol*, ce que commentent en sens divers E. BETHE, *Dioskuren*, 1903, col. 1095, 1105; G. WISSOWA, *RUK*, 1912, p. 271 n° 8 et H.G. WEGENVOORT, *Dea*, 1960, pp. 120-121. Fort de l'autorité du Réatin, A.H. KRAPPE, *Mythologie*, 1930, pp. 96-97 prétend que cet usage était l'apanage des femmes — chose qui déroutait J.R. HARRIS, *Cult*, 1906, p. 57 — en raison de l'association des gémeaux aux forces de la fertilité, propres au féminin par excellence. D. WARD, *Divine Twins*, 1968, p. 27 + n° 122 s'en tient à relever le fait en renvoyant à ces deux pionniers de la mythologie comparée. Notons encore, et ce n'est pas le moins important, que les liaisons tissées entre l'ὅρκος et les forces de la fécondité (D. AUBRIOT-SEVIN, *Prière*, 1992, pp. 379-382) peuvent expliquer que le patronage des serments incombe à des jumeaux.

[213] J.R. HARRIS, *Cult*, 1906, pp. 55-57 fait descendre cette capacité de l'époque où les jumeaux divins devinrent fils du ciel ou de simples associés d'une divinité supérieure, solaire ou tonnante. Ainsi les enfants de Jupiter auraient-ils reçu de leur père la faculté d'avoir vent de tout ce qui se passe. En principe, il leur aurait aussi permis de disposer de la foudre pour frapper les parjures : A.H. KRAPPE, *Mythologie*, 1930, p. 96. Sur la distinction entre les deux types d'engagement, voir D. AUBRIOT-SEVIN, *Prière*, 1992, pp. 378-379.

[214] Phénomène que relève déjà, sans en rechercher les causes, C. JOURDAIN-ANNEQUIN, *Grec*, 1988-1989, p. 150. Qui plus est, penser que cette capacité à vérifier l'honnêteté de la parole donnée puisse devoir quelque chose à un rapprochement opéré entre Dioscures et Paliques rencontre une objection décisive : l'ancienneté et le prestige dont bénéficie la liturgie observée près des cratères interdisent non seulement d'y rechercher la trace d'une influence étrangère, mais devaient même la rendre étanche à toute contamination marquante.

pas dû se limiter à consolider le socle mythique de coutumes rituelles dont la pratique séculaire persista. À cet égard, la couverture de l'ordalie[215] appelée à valider l'engagement sous serment est hautement significative : passage obligé des légendes impliquant des jumeaux ou des enfants uniques promis à un avenir illustre, cette épreuve négociée avec succès les qualifie à ouvrir une nouvelle ère de civilisation ou à accomplir des prouesses exceptionnelles au profit de leur communauté[216]. De toute façon, ces plongées en milieu hostile sont toujours imposées aux héros en devenir dans des fictions bâties sur un canevas identique alors qu'en Sicile les Paliques, en raison de leur nature divine, veillent au bon déroulement d'une ordalie bien réelle[217]. D'un côté, un motif légendaire dont les figures centrales empruntent un parcours sélectif; de l'autre, une pratique courante réputée dans toute la Sicile et soumise à l'arbitrage de divinités immémoriales.

Chercher une correspondance avec l'exposition qu'endurent Romulus et Rémus, outre le fait qu'on a chaque fois affaire à des jumeaux, peut paraître abusif puisque les deux séquences et l'attitude de leurs acteurs respectifs appartiennent à des plans radicalement différents : à l'intrigue mythique tissée à Rome autour des héros qui la vivent répond, du côté sicilien, le rapport historique d'une cérémonie vouée à des divinités statiques. Y parvenir à tout prix oblige à souligner que le même élément naturel aide chaque ordalie à se réaliser : d'un point de vue purement fonctionnel, l'eau du Tibre qu'affrontent victorieusement les fondateurs romains[218] ressemble à celle où peut sombrer l'auteur d'un serment entaché de mauvaise foi[219]. Elle épargne ceux qui le méritent et se charge de châtier les imposteurs. Un héritage commun (italiote ou indo-européen) justifie-t-il cette connexion hypothétique ou s'agit-il d'une simple coïncidence surgie du développement parallèle de deux légendes indépendantes porteuses d'un motif folklorique — l'ordalie par l'eau — répandu dans de nombreuses cultures? Pour l'heure et en l'état, la question reste ouverte malgré la concurrence d'un autre tourment commun à quelques gémellités de facture indo-européenne consignées dans des récits pu-

---

[215] Sur l'importance de ce terme dans le contexte qui nous retient, voir D. AUBRIOT-SEVIN, *Prière*, 1992, p. 378.

[216] *Cf.* A. MEURANT, *Idée de gémellité*, 1996, pp. 151-158.

[217] *Cf. supra* pp. 22-27.

[218] On rappellera utilement que ce périlleux trajet, agencé autour d'une mort et d'une résurrection allégoriques (pour la règle générale *cf* A. MEURANT, *Idée de gémellité*, 1996, pp. 155-157 et *supra* p. 20 n° 38 pour le cas particulier des Paliques), les mue lors de l'instauration des Lupercales (Liv., I, 5, 1-3; Aelius Tubero [= *HRR* F 3], *apud* D.H., I, 80, 1-2; *Origo*, XXII, 1) en vecteurs de fertilité comme les Paliques appelés à se dissimuler sous terre avant d'être rendus à la lumière (*cf. supra* pp. 57-59).

[219] *Cf. supra* pp. 24-25 + n° 55.

rement fictifs : l'aveuglement que subit parfois le parjure[220]. À l'opposé des événements siciliens censés coller à la réalité, la veine légendaire mutile ainsi tantôt les jumeaux eux-mêmes[221], tantôt des êtres auxquels ils rendent la vue[222]. Le binôme sicilien infligeant un châtiment que ses homologues indo-européens subissent ou guérissent, le champ opératoire, constatons-le, s'inverse à nouveau. Dès lors, quelle est la nature véritable de la peine que prononcent les Paliques à l'encontre de ceux qui osent les défier? Résulte-t-elle d'une contagion légendaire[223], de la sécularisation d'un segment mythique ou d'une réalité tangible? Certains de ces ingrédients se combinent-ils? La relation au domaine indo-européen est-elle effective ou provient-elle d'une coïncidence supplémentaire? On retiendra seulement que, sur l'aile indo-iranienne de ce vaste éventail culturel, les Aśvin veillent sur des serments équivalents à ceux que gardent les Dioscures dans le monde gréco-romain[224] : dans l'absolu cela semble toutefois bien léger pour acter le ralliement des Paliques à ce secteur gémellaire.

Une fois de plus, on voit assez qu'en raison de leur fragilité et du caractère additionnel de leurs contenus, les recoupements portant sur des détails aussi minces, tout juste bons à agrémenter l'ordinaire du sujet traité, ne suffisent pas à définir avec assez d'assurance l'essence indo-européenne de la gémellité des Paliques. La seule chance de tempérer ce point de vue défensif serait de reconnaître en eux des redresseurs de tort de la trempe des Aśvin ou de Romulus et Rémus[225]. C'est à cela que nous allons maintenant nous employer.

4. LA PROTECTION DES CLASSES SERVILES

Est-il vraiment possible d'aller plus loin? On se souviendra que les divinités supérieures du panthéon indien reprochaient aux Aśvin-Nāsatya

---

[220] *Cf. supra* p. 25 + n° 57.

[221] Au moins, dans une variante de la légende des Boréades disponible chez Diod., IV, 44.

[222] Comme les Aśvin (G. DUMÉZIL, *RRA*, 1974, p. 275 et D. BRIQUEL, *Jumeaux*, 1976, p. 78 n° 18) et la paire Éole et Boéotos par le truchement de leur père Poséidon (Hygin., *Fab.*, 186; *cf.* A. MEURANT, *Idée de gémellité*, 1996, pp. 293-294).

[223] *Cf. supra* p. 25 n° 57.

[224] D. WARD, *Divine Twins*, 1968, pp. 26-27.

[225] Sur ces justiciers qui accomplissent des exploits fort différents des arrêts judiciaires que rendent les Παλικοί près de leurs cratères, voir D. WARD, *Divine Twins*, 1968, p. 37; M. GRANT, *Roman Myths*, 1971, p. 108; G. DUMÉZIL, *RRA*, 1974, p. 265; E. CAMPANILE, *Tradizione*, 1988, p. 13. *Cf.* aussi A. MEURANT, *Idée de gémellité*, 1996, pp. 107 et 114-115.

de fréquenter les hommes avant que la littérature post-védique ne ravale ces jumeaux discrédités au rang des *śūdra* exclus de la hiérarchie sociale[226]. De même Romulus et Rémus échappent-ils au cadre d'une société organisée, eux qui passent leur enfance parmi les bergers dans un site inhospitalier en bravant les représentants de l'autorité aux côtés de pauvres hères pareils à ceux qui gagneront l'*asylum* ouvert dans la Rome naissante. À leur manière, les Paliques s'intéressent eux aussi aux humains, tout spécialement aux plus infortunés : non contents de laver les innocents des accusations qui pèsent sur eux, ils ramènent la fertilité, accueillent les esclaves en rupture de ban et leur sanctuaire sert de phare aux révoltes serviles ou nationalistes qui agitent leur île. Tous ces services les rapprochent des redresseurs de tort soucieux de réparer les injustices qui frappent leurs protégés soumis à l'arbitraire de la nature et des hommes. Nettement indo-européens, ces comportements gémellaires suffisent-ils à assimiler les dieux siciliens aux principales paires qu'ils réunissent? Oui, de l'avis de D. Briquel qui les incorpore séance tenante dans la troisième fonction dumézilienne au nom de leur aptitude à régler une crise de fécondité et de leur intimité avec le monde des esclaves, sans pourtant jamais s'appuyer sur l'activité centrale de leur culte : la perspicacité avec laquelle ils dénoncent tout serment mensonger proféré sous leur égide[227].

Il faut se montrer prudent car, cette fois encore, les éléments du dossier sicilien glissent du mythe à l'histoire[228]. Sauf erreur, personne ne s'est encore inquiété de ce que l'annexion des Paliques au régime gémellaire indo-européen reposait sur la confrontation d'éléments difficilement compatibles parce que venus d'horizons différents. Pris comme modèles, Romulus et Rémus, les Dioscures et les Aśvin circulent toujours en milieu légendaire, même quand Rome sécularise sa mythologie. Ces jumeaux ne cautionnent jamais des actions commises en leur nom pas plus qu'ils ne délèguent leurs responsabilités, sinon justement, pour certains d'entre eux, dans des textes dont ils ne sont plus les personnages princi-

---

[226] *Cf.* A. MEURANT, *Idée de gémellité*, 1996, pp. 94-95.

[227] D. BRIQUEL, *Jumeaux*, 1976, p. 94 n° 62; ID., *Triple*, 1976, p. 173 + n° 2; ID., *Tradition*, 1977, p. 262 n° 27 et ID., *Romulus*, 1980, p. 276 n° 41. Le savant français évite-t-il toujours de se référer à l'activité principale des Paliques — les serments qui les rapprochent des Aśvin et des Dioscures — parce qu'il pressent qu'il vaut mieux y voir une création originale qu'un emprunt au patrimoine gémellaire? Fait-elle partie des autres caractères que le deuxième travail cité laisse volontairement dans le vague? Autant de questions essentielles qui demeurent sans réponse.

[228] Fidèle au fondement mythique de sa théorie, D. BRIQUEL, *Triple*, 1976, p. 173 n° 2 invalide d'ailleurs l'hypothèse dont se réclamaient E. CIACERI, *Culti*, 1911, pp. 33-34 et J.H. CROON, *Palici*, 1952, pp. 126-127 pour attribuer à des faits authentiques l'origine de l'attachement des Paliques à l'univers servile.

paux mais où ils se comportent en précieux auxiliaires[229]. Dans leur geste respective, ce sont eux qui agissent en sauveurs, fréquentent les bas-fonds de l'humanité ou distillent la fécondité. Nos trois paires jumelles de référence furent donc apparentées à juste titre et leur superposition révéla qu'elles sortaient du même moule légendaire établi au troisième niveau de l'organigramme indo-européen.

Rien de tout cela dans le cas des Paliques qui observent l'attitude inerte, figée, des instances supérieures dont les hommes implorent le soutien. En effet, hors de la relation de leur naissance purement mythique[230], ils n'interviennent jamais personnellement dans les épisodes censés trahir leur nature indo-européenne (l'ordalie aux serments, l'aide aux esclaves et le généreux oracle). Ceux-ci prennent en effet l'allure d'autant de séquences historiques qui mettent en scène des hommes confiants dans la puissance du culte dont ils sollicitent l'assistance. En outre, l'importance de la tradition d'accueil conféré au sanctuaire des Paliques plaide à première vue en faveur de l'originalité (sicule?)[231] du culte dont elle rehausse la popularité. Pourtant la chose est loin d'être assurée puisque Diodore de Sicile en fait un phénomène relativement

---

[229] Tels les Dioscures qui retournent la situation en faveur des troupes romaines un instant submergées par les assauts latins sur les rives du lac Régille : *cf.* A. MEURANT, *Idée de gémellité*, 1996 pp. 74 n° 216 et 83 n° 241.

[230] Dont on relèvera, non sans quelque inquiétude, que nous la retrouvons développée uniquement sous la plume d'auteurs latins fort tardifs. Suivait-elle un synopsis identique dans les sources grecques? Il est aussi difficile de le savoir que de quantifier avec quelque certitude les libertés que celles-ci ont pu s'accorder avec le contenu de la tradition orale locale.

[231] C'est du moins l'avis conjugué de R. SCHILLING, *Place*, 1964-1965, pp. 261 et 286; T.J. DUNBABIN, *Western Greeks*, 1968, p. 125; M. GUIDO, *Sicily*, 1977, p. 100; A. KOSSATZ-DEISSMANN, *Dramen*, 1978, p. 44; M. GIANGIULIO, *Greci*, 1983, pp. 823-824 et C. JOURDAIN-ANNEQUIN, *Leucaspis*, 1992, pp. 146-148 qui répète pratiquement EAD., *Héraclès*, 1989, pp. 290-291, cette dernière étant — avec O. PARLANGÈLI, *Sostrato*, 1964-1965, p. 238 — néanmoins portée à le croire emprunté au patrimoine culturel sicane. Plus radicale, L. BELLO, *Ricerche*, 1960, p. 89 noie ce phénomène religieux dans le brouillard d'une évanescente civilisation méditerranéenne (sur les dangers inhérents à cette référence, *cf. infra* p. 71 n° 238). À ce substrat reviendraient des dévotions toujours vivaces à l'époque historique : ainsi celles adressées aux Paliques dont l'énigmatique vocable désigne un culte certainement indigène dans le sens, tout au moins, où il est préhellénique et préphénicien. Alors que certaines autres divinités ont pris un nom grec, celles-ci ont conservé leur intitulé primitif — sans doute parce qu'il n'existait aucun correspondant grec : A. BRELICH, *Religione*, 1964-1965, p. 37; A.L. PROSDOCIMI, *Religioni*, 1971, p. 717 — sous forme d'une simple translittération, permettant d'autant mieux de vérifier le fameux adage qui veut qu'«un lieu sacré reste sacré même lorsque s'installent des peuples nouveaux, et (que) d'autre part des cultes nouveaux englobent souvent des rites et des traditions de cultes plus anciens» (E. MANNI, *Sicile*, 1969, p. 7 et, dans le même ordre d'idées, pp. 18-19).

récent (ἔκ τινων χρόνων)[232], ce qui expliquerait que Macrobe, soucieux de cerner les traits initiaux de la religion des Paliques, n'en souffle mot. Dans tous les soulèvements placés sous le patronage des Paliques, l'idée de révolution, de bouleversement politique, semble plus fondamentale que la désignation de la classe sociale qui la déclenche[233] : peu importe qu'il s'agisse d'indigènes excédés du poids de la férule grecque ou d'esclaves en cavale[234]. Seul compte le vent de liberté qui souffle sur le sanctuaire de ces divinités propices. Ainsi l'élan nationaliste qui sous-tend nettement l'épopée de Doukétios disparaît-il des mouvements de libération, dont l'un peut encore avoir déteint sur l'autre, que connaît la fin du IIe siècle a.C.n. Examinée sous cet angle, la royauté de Salvius semble commémorer sur un mode parodique celle du βασιλεὺς τῶν Σικελῶν.

Dès lors, peut-on, en toute équité, mettre sur le même pied des faits authentiques, ou présentés comme tels, et les données fictives manipulées jusqu'ici? La chose est délicate, à moins de considérer ces événements comme la lointaine projection d'anciens pans évanouis d'un mythe désormais atrophié[235] ou d'en rejeter une part dans le fabuleux (mais laquelle?). Pris comme point de référence, l'encadrement légendaire que nous venons de passer en revue permet de mieux cerner la physionomie des Paliques : liaison à la force vitale, validation du serment intègre, aide aux navigateurs, capacités oraculaires et protection des esclaves, cette somme d'indices convergents invite à pourvoir les dieux siciliens d'une gémellité dont la tradition tait la mention en raison d'obscures motivations qu'il nous faudra bientôt tenter d'élucider.

Reste à savoir à quel type de gémellité nous avons affaire : locale, indo-européenne ou à un amalgame des deux, la première ayant alors servi de tuteur à la greffe du riche dispositif de la seconde. Cette voie in-

---

[232] Diod., XI, 89, 6 avec la traduction en ce sens de P. FABRE, *Grecs*, 1981, p. 150 n° 296 et les réserves qu'émet A. BRELICH, *Religione*, 1964-1965, p. 38 sur le caractère local de cet usage. Il est toutefois difficile de savoir si le texte grec se réfère aux événements de l'année 104 a.C.n. (Diod., XXXVI, 3, 1-5 et 7-8) ou à une coutume plus ancienne.

[233] C. JOURDAIN-ANNEQUIN, *Leucaspis*, 1992, p. 141 propose de ἄσυλον τετηρημένον, καὶ τοῖς ἀτυχοῦσιν οἰκέταις καὶ κυρίοις ἀγνώμοσι περιπεπτωκόσι πολλὴν παρέχεται βοήθειαν (Diod., XI, 89, 6) une traduction qui suggère cette interprétation : «un asile inviolable, *surtout* pour les malheureux esclaves qui sont tombés au pouvoir de maîtres impitoyables» (souligné par nous).

[234] Parmi lesquels semblent même poindre certains clivages comme le laisse entendre le passage des δοῦλοι de Diod., XXXVI, 3, 3 aux οἰκέταις de Diod., XI, 89, 6.

[235] Comme les Dioscures qui doivent leur titre de dieux marins — d'ailleurs épinglé aux Paliques (*cf. supra* pp. 31 et 63) — à des prouesses accomplies au cours de leur jeunesse lorsqu'ils embarquèrent avec Jason sur l'Argos (Diod., IV, 48, 6; 56, 4-5; Apollon. Rhod., *Arg.*, I, 146-150; IV, 578-596; 649-653).

termédiaire reçoit notre préférence parce que les données ajoutées ne concernent pas les personnifications individuelles des jumeaux toujours considérés en bloc, elles touchent uniquement aux pouvoirs qu'on leur reconnaissait[236]. À nos yeux, cette sélection du domaine d'application des additions retenues est symptomatique à plus d'un titre : d'abord, sa capacité à résister aux individuations, pourtant courantes aux niveaux mondial et indo-européen, indique à coup sûr l'ancienneté d'un noyau gémellaire dont les éléments particuliers se fondent toujours dans l'anonymat de leur dénomination collective. D'usage régulier dans d'autres sphères culturelles, grecque notamment, des intitulés de ce type coiffent d'ordinaire des figures aussi distinctes que complémentaires[237]. Rien de tout cela dans le cas qui nous retient. Indissociables, les jumeaux siciliens paraissent imperméables à toute précision porteuse d'identification, qu'elle soit active à l'origine et conservée en l'état, empruntée à la mouture grecque du schéma indo-européen ou dérivée d'elle.

De la sorte, ce développement sélectif où un large spectre de propriétés habille ce couple hiératique, atrophié et comme réduit à sa plus simple expression revêt une signification nouvelle : l'ensemble de la tradition atteste l'ancienneté et l'ancrage autochtone des Paliques dont la gémellité transparaît surtout dans la naissance concomitante, le port d'une appellation duelle et une palette de compétences partagée (parce

---

[236] D'autant qu'A. BRELICH, *Religione*, 1964-1965, pp. 38-39 s'appuie sur de nombreuses analogies récoltées en terre grecque pour dénier une quelconque originalité aux pouvoirs reconnus aux Paliques : de son point de vue, ceux-ci sont autant de données surajoutées sur lesquelles on ne peut se baser pour tenter de saisir certaines caractéristiques du système religieux en vogue en Sicile avant l'afflux des colons venus de Grèce.

[237] *Cf.* A. MEURANT, *Idée de gémellité*, 1996, p. 73 n° 211. En Inde, les hymnes védiques ne laissent guère entrevoir de différenciation entre les deux Aśvin exactement symétriques, toujours désignés au duel, solidaires dans leurs actions et dotés de doubles symbolismes : la distinction n'intervient que dans leur transposition épique, le *Mahābhārata* qui dissocie clairement les personnalités et les carrières de leurs fils (G. DUMÉZIL, *MÉ I*, 1968, pp. 76-81). Le célèbre comparatiste note ensuite (*ibid.*, p. 87) — réflexion capitale pour notre propos — que «l'état védique de la théologie des Aśvin résulte d'une réforme, volontairement tournée à identifier étroitement deux êtres divins entre lesquels la croyance ambiante, la pratique d'autres milieux sociaux que celui des prêtres, mettait normalement une distinction, — celle-là même qu'a recueillie et transposée l'épopée. Cette vue est recommandée par le fait que *partout ailleurs, dans le monde indo-européen*, et d'abord dans l'Iran, les jumeaux, bien qu'unis de la façon la plus étroite, ont régulièrement des spécialités et parfois des destins différents, complémentaires, voire opposés» (souligné par nous). Fort du jugement de son collègue académicien, CL. LÉVI-STRAUSS, *Lynx*, 1991, pp. 302-307 retrouve trace des mêmes phénomènes dans les gestes des Dioscures et de Romulus et Rémus. Or, nous savons que jamais — que ce soit au plan liturgique ou au plan mythique — les Paliques ne sont découplés sur le patron que définit G. Dumézil. Cela tend à les couper, à l'origine tout au moins, d'une assise indo-européenne (*cf. supra* p. 54 n° 170).

qu'empruntée en tout ou en partie?) avec les meilleurs spécimens du dioscurisme indo-européen. De tous ces critères assignés aux dieux jumeaux siciliens, seules la protection des serments et l'ochlophilie représentent deux applications exclusives des bons offices dont toute gémellité gratifie les hommes en situation délicate. En dehors de cette double spécificité, il vaut mieux classer les autres qualités reconnues aux Παλικοί parmi les conventions internationales adaptées au gré des contingences locales au lieu d'y reconnaître des caractères gémellaires purement indo-européens. En conséquence, cette part des similitudes détectées entre Paliques et jumeaux indo-européens, loin de trahir leur parenté, a toutes chances de résulter de la faculté qu'a la gémellité d'éveiller les mêmes images dans l'inconscient collectif de toute société, à charge pour chacune de leur donner une coloration particulière, un format taillé à ses besoins.

Somme toute, leurs affinités avec l'engagement sous serment et les marginaux sont les seules propriétés à autoriser les Paliques à venir grossir les rangs des jumeaux indo-européens. Nous sommes loin des tableaux d'ensemble, riches de correspondances terme à terme, dédiés aux porte-drapeau de la confrérie gémellaire indo-européenne. D'autant que la version sicilienne du rapport à la parole donnée, centrée sur le châtiment instantané réservé à qui ose braver la divinité prise à témoin, contraste singulièrement avec la situation qui prévaut dans l'ensemble du monde indo-européen où on en appelle aux jumeaux pour sceller la pérennité de contrats en tous genres, solennels ou plus intimes, quand ce n'est pas pour pousser un juron. Aussi pensons-nous que le sanctuaire des Paliques abritait des comportements ancestraux — pré- ou proto-indo-européens pour tout dire[238] — dérivés du paradigme gémellaire

---

[238] Si la première doctrine induit l'annexion des Paliques à la tranche du substrat «méditerranéen» (G. PUGLIESE CARRATELLI, *Culti*, 1976, pp. 528-529 insiste sur la prudence avec laquelle ce concept doit se manier) identifiée avec le monde sicane (comme tendrait à l'attester leur liaison au héros Pédiocratès : *cf. supra* pp. 30-31) extérieur au domaine indo-européen (E. MANNI, *Sicile*, 1969, pp. 5-10), son alternative leur dédie un culte de confession sicule (*cf. supra* p. 68 n° 231), peuple secondaire de la grande famille indo-européenne (R. SCHILLING, *Place*, 1964-1965, p. 259 + n° 1; A.L. PROSDOCIMI, *Religioni*, 1971, p. 716). Selon E. MANNI, *Divagazioni*, 1983, p. 184, la métamorphose ornithologique opérée par Zeus à l'heure de les procréer (*cf. supra* p. 17 n° 30) convient aux deux interprétations. Quoi qu'il en soit, la majeure partie de la tradition fait reculer les Sicanes autochtones (Timée [= *FGrH* 566 F 38], *apud* Diod., V, 6, 1-3; Thuc., VI, 2; Diod., V, 2, 4 — bien qu'on les dise aussi originaires d'Ibérie d'où les auraient délogés les Ligures (Thuc. VI, 2, 2; Philistos [= *FGrH* 556 F 45], *apud* Diod., V, 6, 1; D.H., I, 22, 2; Sil. Ital., XIV, 34-38; Solin., V, 7; Mart. Cap., VI, 646; *Schol. in Od.*, XXIV, 307 et avec plus de flou Éphore [= *FGrH* 70 F 136], *apud* Strab., VI, 2, 4 et Ps-Scymn., 264-270 appuyés par l'archéologie : J. MARCONI BOVIO, *Diffusione*, 1963, pp. 125-126; E. MANNI, *Sicile*, 1969, p. 9; et *cf. supra* p. 41 n° 134) — dans la partie occidentale de la Sicile où les refoulent les Sicules venus du Latium ou de Ligurie (face

international, où les colons grecs crurent reconnaître certains aspects de leur propre concept gémellaire sans se douter qu'ils se heurtaient à des conventions respectées à l'échelon planétaire. Après les ajustements nécessaires, ces dieux indigènes auraient été inclus dans leur panthéon[239]. D'un point de vue théorique, on peut supposer que cette absorption comporta une phase de normalisation axée sur une stratégie bien affûtée, soit le recours aux pratiques narcissiques de l'hellénocentrisme[240] qui, faute de pouvoir modifier radicalement des coutumes cultuelles figées sous le poids des ans, la revêtit d'une simple livrée coupée à son goût

à la neutralité de Diod., V, 6, 3-4; d'Antiochos [= *FHG* I p. 181 F 1], *apud* D.H., I, 22, 5 et de Thuc., VI, 2, 4-5 qui situe leur arrivée trois siècles avant le début de la colonisation grecque d'Occident, Antiochos [= *FGrH* 55 F 6], *apud* D.H., I, 73, 4; Varr., *L.L.*, V, 101 [qu'a dû consulter D.H., I, 9, 1-4; 16, 1; 22, 1-2; 60, 3; II, 1, 1]; Plin., *N.H.*, III, 5, 56; Fest., pp. 424 et 425 L; Solin., II, 3 et 10; Serv. et Serv. Dan., *ad Aen.*, XI, 317 sont partisans de l'origine latiale; Philistos [= *FGrH* F 46], *apud* D.H., I, 22, 4; Hellanicos [= *FHG* I p. 126 F 79 a], *apud* Stéph. Byz., *s.v°* Σικελία;. 566-568 de l'alternance ligure : sur l'ensemble de ce problème complexe on renverra à J. BÉRARD, *Colonisation*, 1941, pp. 470-486; L. BERNABÒ BREA, *Sicily*, 1966, p. 189; J. HEURGON, *Rome*, 1969, p. 55; E. MANNI, *Sicile*, 1969, pp. 15-17; ID., *Italia*, 1972, pp. 15-17; D. PANCUCCI, *Siculi*, 1973, pp. 8-9; R. CHEVALLIER, *Mythes*, 1976, p. 52; E. MANNI, *«Indigeni»*, 1976, pp. 184-187; D. BRIQUEL, *Pélasges*, 1984, pp. 44-53, 315-316, 411-418, 472-477, 505-506; ID., *Origine*, 1991, pp. 495-550; ID., *Virgile et les Aborigènes*, 1992, pp. 72-88; ; ID., *Peuple*, 1993, pp. 114-119, 123-125). Le sens de cette migration s'inverse pourtant dans une variante (Serv., *ad Aen.*, I, 533; III, 500) qui épouse sans doute une opinion chère au cercle de Mécène : D. BRIQUEL, *Origine*, 1991, pp. 500-504 et ID., *Virgile et les Aborigènes*, 1992, pp. 88-91. Ce qui n'empêche pas l'archéologie de retrouver les traces de l'installation des Sicules dans l'antique Trinacria dès la fin du second millénaire, à Serra Orlando, Lipari et Milazzo notamment (J. BÉRARD, *Colonisation*, 1941, pp. 509-510; J. HEURGON, *Rome*, 1969, p. 371; E. MANNI, *Sicile*, 1969, pp. 15-18; ID., *«Indigeni»*, 1976, p. 185). La seconde hypothèse plaide certes en faveur de l'essence indo-européenne des Paliques (même s'il est bien difficile d'acquérir quelque certitude en la matière : E. MANNI, *Sicile*, 1969, pp. 8-9), mais comment expliquer alors — chose exceptionnelle dans le contexte d'une telle qualification — que cette paire jumelle se soit calcifiée au point de ne distinguer aucune de ses individualités comme c'est l'usage du côté indo-européen? En donnant peut-être raison à E. MANNI, *ibid.*, p. 18 lorsqu'il estime que «les Sicules mêmes, provenant de l'Italie, ne sont pas des vrais indoeuropéens (*sic*) : la pénétration "protolatine" en Italie a diffusé un langage parlé par les dominateurs, mais elle n'a pas fait disparaître — elle les a, au contraire, assimilés — les caractères culturels de la civilisation agraire plus brillante des Méditerranéens. Le nom même des Sicules est presque certainement "méditerranéen" comme celui des Sicanes...». Nous voici donc de retour à la case départ pour constater que plus rien n'empêche le culte des Paliques de s'arc-bouter sur un fondement purement local.

[239] D'ailleurs, le magnétisme exercé par l'autel de la miséricorde sur les mouvements de libération nationale aurait-il été aussi puissant si les insurgés avaient eu conscience de rallier une autorité morale qui symbolisait à sa façon le pouvoir dont ils entreprenaient de se libérer?

[240] *Cf.* A. MEURANT, *Idée de gémellité*, 1996, pp. 422-424 pour définir la substance de cette technique toute subjective.

avec d'autant plus d'aisance qu'elle avait l'impression de s'avancer en terrain connu.

Au terme de ce débat, on retiendra que la tradition n'inscrit jamais directement la gémellité de Παλικοί toujours privés d'individuation, que cette scission serve à répartir un faisceau d'attributs ou qu'elle résulte d'une adjonction secondaire imitée de celle qui définit chaque Dioscure. On signalera aussi que, les normes internationales une fois écartées, l'inviolabilité que leur sanctuaire promet aux esclaves constitue l'unique argument probant en faveur de l'appartenance des Paliques au corps des jumeaux indo-européens, ce qui semble malgré tout bien léger. Et plus encore quand on sait qu'il pourrait s'agir d'une adjonction grecque. On notera encore avec intérêt — et là s'arrêtera la contribution des Paliques à la prospection ici entreprise — qu'ils composent une entité indifférenciée dont l'indétermination des éléments particuliers, fermement ancrée dans le folklore local, est un des aspects majeurs[241].

5. LES RENVOIS AU MILIEU ROMAIN ET À LA GRÈCE MÉTROPOLITAINE

Mais il y mieux. Après avoir passé au crible le lot des facteurs censés attirer les Paliques dans l'orbite de la gémellité indo-européenne, on s'inquiétera de retrouver une poignée d'éléments, incrustés en Sicile dans la genèse des jumeaux aux cratères, injectés dans les conceptions miraculeuses allouées à certains monarques d'aspect légendaire. Il convient donc d'établir si ces corrélations proviennent d'un héritage commun dont la nature resterait à définir, d'un emprunt tardif dont le sens mériterait d'être indiqué ou d'un pur hasard.

Quelle que soit la voie privilégiée, les Paliques descendent toujours d'Héphaistos, le Vulcain grec : soit que le dieu du feu les engendre lui-même, soit que leur mère s'identifie à sa fille Thalia. Lourde d'incidences, cette observation nous renvoie, par un jeu d'imperceptibles relations internes, au secteur romain, lui-même enchâssé dans le cadre plus large du Latium. En effet, nous savons que son chaste sacerdoce lie intimement Rhéa Silvia, la mère de Romulus et Rémus, au foyer de l'État[242]. À croire l'intrigant fragment de Promathion[243], les fondateurs romains — en

---

[241] Le même constat pourrait être posé à propos des Lares romains dont nous avons étudié dans des pages séparées les facettes gémellaires.

[242] A. MEURANT, *Idée de gémellité*, 1996, pp. 587-580 et 582-583 cerne toute la signification de son affectation à cette vénérable fonction : *cf. infra* p. 75 n° 249.

[243] Promathion (= *FGrH* 817 F 1), *apud* Plut., *Rom.*, 2, 3-8 dont A. MEURANT, *Idée de gémellité*, 1996, pp. 458-465 procède à une analyse approfondie.

ce sens apparentés à Caeculus et Servius Tullius[244] — devraient la vie à une jeune vierge fécondée par un phallus surgi de l'âtre[245]. Dans l'imaginaire indo-européen, les flammes conçoivent ou distinguent couramment des êtres exceptionnels, jumeaux ou non, promis à une couronne royale[246]. Tel aurait été le canevas primitif du récit de conception romain[247]. Au cours de l'évolution qui figea la généalogie romuléenne, Mars aurait donc, comme Zeus dans l'ascendance des Paliques, dépouillé

---

[244] Des nombreuses études qui signalent ces faisceaux d'analogies détachons M. DEL-COURT, *Héphaistos*, 1957, pp. 215-221; J. BAYET, *Religion*, 1969, p. 63; A. ALFÖLDI, *Struttura*, 1972, pp. 327-328; H. HOMMEL, *Vesta*, 1972, pp. 414-415; A. ALFÖLDI, *Struktur*, 1974, pp. 182-188; R.T. RIDLEY, *Enigma*, 1975, p. 170; A. BRELICH, *Variazioni*, 1966, pp. 34-51; A. MOMIGLIANO, *Figure*, 1969, pp. 467-460; A. HUS, *Siècles*, 1976, p. 221 n° 50; J. GAGÉ, *Tanaquil*, 1977, pp. 23-24; R. THOMSEN, *King*, 1980, pp. 58-64; M. VERZÁR, *Pyrgi*, 1980, pp. 65-66; D. BRIQUEL, *Épopée*, 1981, pp. 14-30; M. MANSON, *Ascagne*, 1981, p. 69; J. CHAMPEAUX, *Fortuna*, 1982, pp. 295-296, 441-444; D. BRIQUEL, *Pélasges*, 1984, p. 180 + n° 56; G. CAMASSA, *Volcanus*, 1984, pp. 828-829, 843; N.M. HORSFALL, *Myth*, 1985, p. 398 (que reprend presque intégralement ID., *Myth*, 1987, p. 5, appelant les remarques critiques de T.P. WISEMAN, *Roman Legend*, 1989, p. 136); J.N. BREMMER, *Caeculus*, 1987, pp. 49-59; A. DUBOURDIEU, *Pénates*, 1989, p. 458 n° 34; G. RADKE, *Points de vue*, 1991, p. 38 + n° 41; N. BOËLS-JANSSEN, *Matrones*, 1993, pp. 86-89; A. MASTROCINQUE, *Romolo*, 1993, pp. 21-22; J. BOULOGNE, *Plutarque*, 1994, pp. 138-139; G. CAPDEVILLE, *Volcanus*, 1995, pp. 7-95; T.J. CORNELL, *Beginnings*, 1995, pp. 63 et 132-133.

[245] Quel que soit le niveau d'évolution pris en compte, l'hérédité des Paliques ne fait jamais allusion à cette scabreuse apparition qui semble former le noyau d'un thème foncièrement indo-européen particulièrement en vogue dans le folklore latin où elle prend parfois la forme édulcorée d'une étincelle lancée au giron d'une jeune fille (Serv., *ad Aen.*, VII, 678; *Myth. Vat.*, II, 184 à propos de Caeculus sur lequel nous avons rédigé une étude complète indépendante de ces pages).

[246] *Cf. infra* pp. 75-76 et l'étude, déjà disponible à l'état de manuscrit, de la présence dans le Latium coupé de Rome des modèles gémellaires ici mis à l'épreuve. Or, le feu considéré dans sa fonction positive, dynamique, entretient d'étroites relations — essentielles dans la culture indo-européenne (R. BODÉÜS, *Spéculations*, 1983, pp. 235-238 : *cf. infra* p. 80 n° 268) — avec la souveraineté et la fécondité. De plus, la vocation monarchique réservée aux rejetons de ce principe igné, toujours manifeste en milieu latin, se trouve reléguée au second plan des légendes grecques où des nouveau-nés sont associés au foyer sans pour autant avoir été procréés selon le schéma répandu au Latium (constat qui incita D. BRIQUEL, *Épopée*, 1981, p. 14 + n° 36, tenant de son appartenance au plus ancien patrimoine local, à douter de l'origine hellénique que défendait J.-P. VERNANT, *Mythe et pensée I*, 1965, pp. 133-134 : *cf. infra* n° 247. La présence de la même situation du thème royal dans celle des Paliques siciliens implique-t-elle automatiquement que leur ascendance ignée dépend d'un modèle grec? Nous disposerons bientôt (*cf. infra* pp. 79-82) des données propres à esquisser une réponse à cette importante question.

[247] Au moins selon le sentiment de L. PARETI, *Storia I*, 1952, pp. 296-297; S. MAZZARINO, *Leggende*, 1960, pp. pp. 385-392; ID., *Pensiero*, I, 1966, pp. 190-199; ID., *Pensiero*, II, 1966, pp. 63-71 qui y sentent une influence étrusque et de D. BRIQUEL, *Enfances*, 1983, p. 54.

une ancienne divinité du foyer de la paternité de jumeaux merveilleux. Rendue flottante par l'éviction de son point d'attache naturel, la liaison au feu inscrite dans ces genèses gémellaires, trop profondément enracinée dans la mémoire légendaire pour être éradiquée sans autre forme de procès, se serait déplacée — sans doute moins par imitation qu'au gré de mouvements indépendants issus d'un même penchant instinctif[248] — sur les mères des jumeaux, Thalia et Rhéa Silvia[249]. Abordée sous cet angle, cette faculté donnée à deux parentés gémellaires aussi distantes d'évoluer dans la même direction dépend de l'usage commun du thème de la fécondation par le feu. La qualification des gémellités qu'il étoffe gagnera beaucoup à la détermination de la filière où chacune l'a puisé. Essayons donc d'y parvenir.

À l'évidence, ce type de conception ignée préside aussi, sur la façade orientale du monde indo-européen, aux naissances du premier roi indo-iranien, fils d'un équivalent masculin de Vesta, et du souverain perse, conçu d'un éclair incandescent[250]. Leur parenté avec les exemples latins prouve assez l'essence indo-européenne de ce signe royal qui, à Rome et dans sa banlieue, distingue le futur monarque en le faisant naître d'une jeune fille en marge de la société et d'un dieu masculin à vocation pyrique. Telle quelle, cette classification ne convient pas tout à fait aux Paliques, figures locales parées d'habits grecs : alors qu'une généalogie aux accents anciens les fait bien descendre d'Héphaistos-Vulcain comme Caeculus[251] et Servius Tullius[252], leur rapport à la royauté se tapit à l'arrière-plan des révoltes historiques que soulèvent Doukétios et Salvius[253]. Autre différence sensible avec les domaines comparables, le motif de la

---

[248] *Cf.* A. MEURANT, *Idée de gémellité*, 1996, pp. 196-198.

[249] Si Promathion nous transmet bien la version primitive de la naissance des fondateurs romains et si l'attribution de leur paternité à Mars aux dépens d'un dieu lié au feu fit transférer ce substrat igné à leur mère (ce que nous supposons), les connotations phalliques du culte de Vesta (H. HOMMEL, *Vesta*, 1972, pp. 419-420; B. COMBET-FARNOUX, *Mercure*, 1980, pp. 120-121; A. DUBOURDIEU, *Pénates*, 1989, pp. 458-460; G. RADKE, *Points de vue*, 1991, pp. 36-38) ont pu commander l'assignation de Rhéa Silvia à l'état de vestale.

[250] G. WIDENGREN, *Religions*, 1968, pp. 240-241, 268-269; D. BRIQUEL, *Épopée*, 1981, pp. 9-13, 18-19. Pour le traitement du même motif dans les folklores scythe et irlandais, on renverra respectivement à G. DUMÉZIL, *Servius*, 1943, pp. 229-230 (dont se recommande D. BRIQUEL, *Épopée*, 1981, p. 14 + n° 31) et ID., *MÉ I*, 1981, pp. 446-449.

[251] Cat. (= *HRR* F 59 = F 29 Chassignet), *Orig.*, *apud Schol. Veron. ad Aen.*, VII, 681; Verg., *Aen.*, VII, 678-681; Serv., *ad Aen.*, VII, 678; *Myth. Vat.*, I, 84.

[252] Du moins chez D.H., IV, 2, 2-3; Ov., *F.*, VI, 625-634; Plut., *Fort. Rom.*, 10 (323 a-c). Ces deux cas sont largement développés dans les études, non encore publiées et identiques à celle-ci, où nous examinons la valeur et le poids de la gémellité imaginaire que connaissent Rome et le Latium sans l'avoir empruntée à la Grèce.

[253] *Cf. supra* pp. 26-28.

conception ignée à vocation royale honore aussi bien des figures individuelles que jumelles[254], lesquelles n'en profitent donc pas systématiquement. Puisqu'aucun automatisme ne régit la complémentarité entre motif
gémellaire et fécondation au foyer, deux thèmes indépendants assignés à
distinguer des individus appelés à de hautes destinées, leur fréquente
collaboration relève donc moins de l'intention de parer leurs bénéficiaires d'une gémellité bien déterminée que du simple souci de les extraire du commun des mortels, de les révéler aux yeux de tous.

Quand des jumeaux lui doivent la vie, le foyer géniteur participe, à
Rome et en Sicile, à de vieux récits trempés d'atmosphère locale qui
nous parviennent sous la forme épurée de variantes exotiques désormais
désuètes[255] car supplantées par l'émission d'une tradition officielle où
leur ont succédé des substituts divins moins évanescents, ici Mars et là
Zeus. Or, si nous avons raison de supposer que l'Italie préindo-européenne hébergeait une structure gémellaire formée d'un bloc homogène
d'où n'émergeait aucune individualité, cette construction rudimentaire
avait peu de chance de résister valablement à l'apparition d'un modèle
concurrent beaucoup plus sophistiqué. En revanche, ses manifestations
purent faciliter l'ancrage de la topique indo-européenne sans nécessairement l'empêcher d'éclore en dehors de leur nombre. Et dès qu'on accepte
la greffe de la nouvelle formule sur des précédents locaux, il est plau-
sible de supposer que ces supports providentiels aient été étouffés sous

---

[254] D. BRIQUEL, *Épopée*, 1981, p. 16 + n° 41.

[255] Disons aussi que leur datation et leur volume opposent nettement les quelques notices
qui font descendre nos deux binômes gémellaires d'un père lié au feu : ainsi les sèches généalogies soudées aux Paliques, sur le tard et sans réciprocité, chez l'interpolateur de Servius
et Hésychius, tranchent-elles sur l'exposé, assez nourri et peut-être ancien, des péripéties dont
le fragment de Promathion entoure la naissance de Romulus et Rémus. Tous trois sauvent
néanmoins de l'oubli des filiations antérieures, du moins peut-on le supposer, à la désignation
des parents dont hériteront finalement les jumeaux dont ils s'occupent. Promathion avec un
luxe de scènes et de détails au sein desquels le motif indo-européen de la conception ignée
concerne encore ce que nous croyons être des jumeaux locaux aux contours dépouillés, toujours confondus mais déjà privés de l'identité qu'on peut leur supposer. Bientôt la savante
organisation du concept gémellaire indo-européen, toujours absente chez ce témoin privilégié, les contraindra à n'être plus que l'ombre d'eux-mêmes, l'infaillible amitié qui gouverne les
premières années de Romulus et Rémus cultivant alors le lointain souvenir de leur ancienne
indivisibilité. Vu sous cet angle et pourvu d'une datation haute, l'extrait circulant sous le nom
de Promathion témoigne, saisissant contraste, d'archaïsme et de dynamisme. D'archaïsme parce qu'il contient des éléments nantis d'une datation haute, ceux-là même qui motivent sa ré-
daction : les motifs de la conception ignée et de la gémellité indivise qui en hérite. De dynamisme en ce qu'il nous montre la légende romuléenne en plein essor, tout occupée à se
construire, à fixer ses motifs classés, saisissant de sa formation l'instant qui prépare l'éviction
programmée d'une forme de gémellité assez rudimentaire au profit de la formule indo-
européenne.

la chape de l'imposante structure importée sans avoir complètement disparu. En l'occurrence, au Latium riche en naissances royales à caractère igné, des couples de jumeaux indistincts appartenant au fonds local le plus ancien ont parfaitement pu délaisser l'avant-scène légendaire, alors réduits à jouer les utilités en laissant vacants leurs anciens emplois. Ainsi des jumeaux *Depidii-Degidii*, les oncles ou les éducateurs assez effacés du Prénestin Caeculus[256]. De la même façon, la parfaite harmonie où Romulus et Rémus coulent leur prime jeunesse résonne comme l'écho de ce lointain souvenir, au risque de leur valoir une surprenante profondeur locale hautement significative. Sur un plan inférieur, Faustulus est parfois flanqué d'un frère nommé Plistinus censé l'avoir aidé à élever ses fils adoptifs[257] et la geste de Servius Tullius mobilise une galerie de personnages appariés aux contours noyés dans le vague (les frères Aulus et Caius Vibenna[258], les bergers meurtriers de Tarquin l'Ancien[259] et les fils du monarque assassiné[260]) : toutes figures capables de dissimuler autant d'anciens jumeaux dévitalisés. Au registre divin, le phénomène pourrait même toucher les Lares, ces vieux protecteurs du terroir latin dont la gémellité prend les modestes dimensions d'un détail anecdotique, un peu comme si la tradition hésitait à notifier le fait[261]. Prolongent-ils d'anciens dieux jumeaux indo-européens[262] ou sont-ils, à l'image des Paliques, d'anciennes divinités gémellaires indigènes dont la renommée et la profonde symbolique ont empêché l'éviction tout en offrant peu de prise à la logistique indo-européenne? Traiter d'ores et déjà de cette question nous obligerait à effectuer une incursion prématurée en territoire romain. Ce n'est ni le lieu ni le moment d'ouvrir ici une discussion qui ne concerne pas directement l'aire géographique dont nous parlons[263].

En cet instant précis et sans vouloir communiquer autre chose qu'une intuition, disons seulement que l'éclairage sicilien nous incline

---

[256] Leur cas est complètement analysé dans une étude encore inédite, où nous avons défini l'état de la gémellité légendaire du Latium diminué de Rome.

[257] Plut., *Rom.*, 10, 2.

[258] Varr., *L.L.*, V, 46-47; Tac., *Ann.*, IV, 65; Fest., pp. 38 et 486 L qu'éclairent les commentaires de J. HEURGON, *VQÉ*, 1961, pp. 64-67, 308; A. HUS, *Siècles*, 1976, pp. 217-219; D. BRIQUEL, *Témoignage*, 1990, pp. 86-108.

[259] Liv., I, 40, 5-7.

[260] Liv., I, 40, 2.

[261] Quand ils la relèvent, les Modernes commentent d'ailleurs rarement cette importante facette de leur description comme le font J. BAYET, *Religion*, 1969, pp. 346-350; G. DUMÉZIL, *RRA*, 1974, pp. 346-350 et A. DUBOURDIEU, *Pénates*, 1989, pp. 101-111.

[262] Comme le suggère D. BRIQUEL, *Jumeaux*, 1976, p. 43 qui étend cette possibilité aux Pénates.

[263] Loin de vouloir l'évacuer, nous préférons différer sa conduite aux pages, indépendantes de ce travail, où nous répétons la même recherche à Rome.

plutôt à penser que les maigres lambeaux gémellaires jetés sur maintes figures latines sont moins des produits imparfaits de la matrice indo-européenne que les vestiges d'un ancien dispositif répandu en Italie préindo-européenne ou à tout le moins dans sa partie centrale[264]. Car les Paliques siciliens, d'abord sentis comme les fils d'un dieu masculin associé au feu, sont tout aussi réticents que les exemples latins énumérés ci-dessus à afficher leur gémellité, au point que la tradition n'en fasse jamais mention sinon dans sa phase d'évolution la plus tardive qui l'aura à coup sûr déduite du contexte faute d'avoir pu la récupérer dans les précédentes, à moins d'envisager en ultime recours l'existence de témoignages aujourd'hui disparus. À ce titre, les îlots de gémellité primitive que l'idéologie indo-européenne ne put abroger ou réduire au rang anodin de signe subalterne[265] ont toutes chances de devoir leur survie à celle des ri-

---

[264] Dans le cas contraire, la situation se compliquerait gravement. Il faudrait alors sérieusement envisager qu'aient existé ou coexisté deux types de gémellité indo-européenne : l'une, plutôt réservée aux dieux, qui confond ses membres en les dotant de quelques compétences étrangères aux normes gémellaires internationales et l'autre, plutôt dévolue aux héros, qui rehausse ses sociétaires de tempéraments, de talents et d'attributions déployées sur l'ensemble de l'organigramme trifonctionnel. Cela semble d'autant plus difficile à croire que le partage des aptitudes entre jumeaux passe pour avoir donné sa forme originelle à la gémellité indo-européenne; les appellations duelles où s'estompe cette répartition des tâches et des capacités n'auraient fait que chapeauter cet état premier : «tout se passe par la suite comme si une tendance avait poussé la pensée indo-européenne à gommer les différences entre les jumeaux, car divers indices suggèrent qu'elle était plus marquée à l'origine» (CL. LÉVI-STRAUSS, *Lynx*, 1991, p. 303). Certes les Aśvin sont toujours soudés l'un à l'autre quand ils interviennent dans les hymnes védiques, mais G. DUMÉZIL, *MÉ I*, 1968, p. 87 suppute, au nom des fils bien typés qui leur correspondent dans le *Mahābhārata* (*cf.* A. MEURANT, *Idée de gémellité*, 1996, pp. 89-90, 104-106), que «l'état védique de la théologie des Aśvin résulte d'une réforme, volontairement tournée à identifier étroitement deux êtres divins entre lesquels la croyance ambiante, la pratique d'autres milieux sociaux que celui des prêtres, mettait normalement une distinction, — celle-là même qu'a recueillie et transposée l'épopée». La situation des Paliques diffère nettement : rien n'indique — même pas la présence d'un *Palicus* singulier chez Virgile (*cf. supra* pp. 41-45) — que l'intitulé générique ait jamais recouvert des éléments distincts. Aussi supposerons-nous que cette solidarité indéfectible équivaut au fondement d'une gémellité mythique préindo-européenne, «méditerranéenne» pour tout dire, malgré le danger que recèle l'usage de ce terme (*cf. supra* p. 71 n° 238) : en la matière, l'absence de toute infrastructure légendaire destinée à dissocier les Paliques selon les directives du paradigme indo-européen joue un rôle décisif.

[265] Dans le cas particulier des Paliques, s'il existe désormais de fortes probabilités pour que la mention même de leur gémellité ait été étouffée sous la chape de plomb d'une idéologie indo-européenne résolue à effacer toute référence trop explicite à ce qui l'avait précédée, l'ambiguïté dont témoigne cet ensemble divin — tantôt bienveillant, tantôt redoutable — contribua peut-être à amorcer le phénomène ou à en accélérer la réalisation. En effet, les jumeaux indo-européens retenus à titre de comparaison assurent le genre humain de leur totale bienveillance. Ce schéma ne semble pas concerner les Paliques, eux qui équilibrent leurs pré-

tuels qu'ils cautionnaient, en clair de pratiques ancestrales dont la suppression eût paru sacrilège. À n'en point douter, les dévotions adressées aux Paliques remplissent parfaitement ces conditions. En revanche, comme si les principes doctrinaires désormais en vigueur ne consentaient au maintien de ces binômes divins qu'au prix d'une restriction de l'expression de leur gémellité, ce mouvement tendrait à les dépouiller de l'ossature légendaire qui soutenait leur morphologie d'exception : emblèmes de l'évolution latine de l'archétype gémellaire indo-européen, Romulus et Rémus sont de ce fait encore et toujours les seuls jumeaux régionaux à pouvoir se dire tels au moyen d'une infrastructure bien charpentée, aux dimensions et aux orientations parfaitement dosées.

Dès lors comment expliquer que, comme eux, les Paliques aient parfois pour père un dieu asssocié au feu? Une première explication, assez audacieuse mais peut-être trop simpliste, voudrait imputer les liens filiaux tissés entre la paire sicilienne et ce type de géniteur divin à une coïncidence dans la production mythique des régions comparées, soit postuler l'existence d'un mythème italiote indépendant de son équivalent indo-européen mais nourri de la même inspiration. Quoique valable d'un point de vue purement spéculatif, cette orientation minimaliste ne repose sur aucune base solide. Reste que des peuples étrangers les uns aux autres et sujets aux mêmes préoccupations essentielles ont pu imaginer des mythes et des rites comportant des séquences et des gestes similaires, produits d'une génération spontanée ou d'un inconscient collectif et donc peu suspects de provenir d'un quelconque héritage commun.

À ce titre, on pourrait fort bien concevoir que, frappées par la puissance du feu, des populations préindo-européennes résidant en Italie et dans le secteur indo-iranien aient, en toute indépendance, imaginé de lier le feu à la genèse de personnalités exceptionnelles[266]. Dès lors de deux choses l'une : ou bien les conquérants du second millénaire, arrivés à destination, s'approprièrent des pratiques ou des motifs légendaires qu'ils ignoraient; ou bien ils les fusionnèrent avec ceux, différents dans le détail mais de même type et de même affectation, qu'ils utilisaient avant leur diaspora. Affranchie de toute tutelle indo-européenne, la première solution offre l'immense avantage d'assimiler la fécondation ignée

---

cieux services de possibilités si alarmantes — l'archaïsme de leur culte aidant — que la simple évocation de leur nom suffisait peut-être à réveiller le dangereux potentiel de tout vecteur gémellaire (*cf.* A. MEURANT, *Idée de gémellité*, 1996, pp. 20-24, 55-56). Les sources les plus anciennes transmettraient ainsi à la postérité ce respect craintif observé sur place.

[266] S'attardant à démonter le mécanisme mythique qui installe Aucnus, Bianor (*cf.* A. MEURANT, *Idée de gémellité*, 1996, pp. 289-291) et Énée dans de vieux tombeaux locaux, P. GRIMAL, *Virgile*, 1985, p. 13 admet ainsi que «dans des régions différentes, même éloignées les unes des autres, de l'Italie, avaient surgi des traditions semblables : unité profonde, antérieure aux divergences historiques».

à une image conceptuelle partagée par des communautés humaines affichant divers niveaux culturels; plus ouverte, la seconde suppose la confection d'un complexe amalgame dont il faudrait renoncer à isoler les segments particuliers. Outre qu'elles fragiliseraient certaines démonstrations récentes[267], de telles positions relèvent de la plus haute hypothèse. Elles avaient néanmoins voix au chapitre, ne fût-ce que pour envisager, explorer et critiquer toutes les possibilités, même les plus ultimes.

En retour, leur précarité ou leur disqualification affermissent les prétentions du canal indo-européen à fournir ce géniteur igné. Dès lors, se pose la question, difficile mais essentielle, de sa présence dans la généalogie des Paliques. Résulte-t-elle du simple transfert d'une matière grecque? Dans l'affirmative, le motif recherché doit différer de celui qu'affectionne le Latium mais qui ne se rencontre pas tel quel chez l'exportateur pressenti[268]. Faut-il que l'infiltration de ce noyau légendaire indo-européen ait atteint Rome et la Sicile en se frayant un chemin tout au long de la péninsule? Que, pour l'occasion, l'*Vrbs* ait servi de relais de transmission, ce qui suffirait à expliquer les points communs aux notices grecques où Promathion et Hésychius consignent l'état ancien de la généalogie des jumeaux emblématiques des deux régions[269]? Pour résoudre ce délicat problème, explorons d'abord la voie de l'apport vertical, celle de la filière septentrionale transitant par le Latium avant de soupe-

---

[267] D. BRIQUEL, *Épopée*, 1981, pp. 7-31.

[268] Dans une série de tableaux comparatifs d'êtres de souche indo-européenne au destin royal, jumeaux ou non, divins ou non, D. BRIQUEL, *Épopée*, 1981, pp. 7-31 dresse des tables de concordance qui réportorient des parallèles latins, indo-iraniens et irlandais, mais jamais grecs. Contre l'avis de J.-P. VERNANT, *Mythe et pensée I*, 1965, pp. 133-134 partisan de l'origine grecque du type de naissance allouée à Caeculus et Servius Tullius, alors connotée aux procréations de Méléagre et de Démophon «qui font naître le fils du roi d'un tison ou d'une étincelle sautant dans le giron de la jeune vierge qui prend soin du foyer» comme au rituel du παῖς ἀφ' ἑστίας, D. BRIQUEL, *Épopée*, 1981, p. 14 n° 36 soutient que les parallèles avancés insistent sur d'autres thèmes que les légendes italiques centrées, elles, sur un mode de conception au foyer inédit dans la péninsule grecque. M. DETIENNE, *Olivier*, 1970, pp. 11-21 range la légende de Méléagre dans un faisceau de traditions mythiques qui voient naître un enfant royal des flammes du foyer paternel.

[269] À s'y intéresser de plus près, on constate avec surprise que les deux exemples de liaison de la gémellité à un géniteur igné recensés en Italie proviennent de ces deux obscurs auteurs grecs qui les ont sans doute récupérés en toute autonomie. Même abaissée au Iᵉʳ siècle a.C.n. (selon l'opinion de E. GABBA, *Tradizione*, 1967, pp. 146-149 que contestent H. STRASBURGER, *Sage*, pp. 15-16 + note n° 57 et T.J. CORNELL, *Aeneas*, 1975, p. 25 n° 4), la déposition de Promathion (= *FGrH* 817 F 1), *apud* Plut., *Rom.*, 2, 4-8 (sur l'imprécision chronologique dont souffre ce fragment, voir A. MEURANT, *Idée de gémellité*, 1996, pp. 461-462 + n° 442), comme la généalogie transmise sur le tard, au VIᵉ siècle p.C.n., par Hésych., *s.v*° Παλικοί restent néanmoins susceptibles de véhiculer des informations authentiques d'une haute antiquité.

ser les chances d'un apport horizontal, celui de la filière orientale venue de Grèce.

Résidants du versant oriental de la Sicile, les Sicules d'origine indo-européenne entretiennent — au plan mythique tout au moins[270] — de franches relations avec le centre de l'Italie, ce Latium dont ils seraient les plus anciens habitants, le substrat originel d'une région encore vierge de tout arrivage extérieur, et plus précisément avec Rome d'où ils sont censés avoir émigré sous la conduite de Sikélos[271]. En d'autres termes, nous aurions débusqué la connexion, encore bien lâche il est vrai, qui nous échappait jusqu'ici, sorte de chaînon manquant entre le centre de la péninsule et sa bordure méridionale, passerelle salutaire qui autoriserait à sortir l'antique conception ignée des Paliques de son isolement. De quelque façon qu'ils se soient matérialisés, ces contacts entre les deux zones concernées ont pu théoriquement permettre le passage de cette curieuse image paternelle. Sélectif au moment de désigner la gémellité qu'il estime digne de cet honneur, le Latium en réserve la primeur à Romulus et Rémus, seuls jumeaux auxquels s'appliquera ensuite l'intégralité du mécanisme indo-européen propre à illustrer leur statut. Mais, ce faisant, il les fait temporairement transiter par un état intermédiaire, pour ainsi dire protoindo-européen, situé entre la référence à une gémellité monolithique en voie de disparition — mais toujours tangible dans la personne des jumeaux, anonymes et indissociables, nés à la cour de Tarchétius[272] — et l'imposante envergure de sa remplaçante indo-européenne. En l'occurrence, de l'élaboration de la savante gémellité épinglée à Romulus et Rémus le fragment de Promathion nous transmettrait une des étapes les plus significatives. Celle-là même que le cheminement indiqué ci-dessus a pu transférer relativement tôt en Sicile au profit des Paliques dont les impératifs rituels, inconnus de Romulus et Rémus, auraient enrayé la progression du schéma indo-européen dans toutes ses dimensions pour lui conserver cette maigre trace fossile. Par après, peu déroutés à l'heure de la rencontrer, les Grecs auraient tenté de plier à leurs propres canons gémellaires cette cellule locale aux contours protoindo-européens. Mais face à des insulaires attachés à des divinités qu'ils appréciaient et qu'ils répugnaient à délaisser ou à offenser en quelque fa-

---

[270] Du point de vue de l'archéologie, des traces de cette civilisation sont perceptibles, en Sicile, dès la fin de l'âge du bronze, qu'elles prennent la forme du débarquement d'un nouveau peuple ou de l'accueil de nouvelles idées religieuses : L. BERNABÒ BREA, *Sicily*, 1957, pp. 136-145; ID., *Civiltà*, 1960, pp. 149-150; J. HEURGON, *Rome*, 1969, pp. 68-69; E. MANNI, *Italia*, 1972, p. 15 et C. JOURDAIN-ANNEQUIN, *Grec*, 1988-1989, p. 158.

[271] Qui, à la tête des Sicules chassés du Latium (*cf. supra* p. 71 n° 238) aurait atteint la Sicile vers la moitié du IXe siècle a.C.n. : E. MANNI, *Sicelo*, 1957, pp. 156-158; ID., *Sicile*, 1969, pp. 15-16; ID., *«Indigeni»*, 1976, p. 185.

[272] Plut., *Rom.*, 2, 6-8 : *cf.* A. MEURANT, *Idée de gémellité*, 1996, pp. 458-460.

çon, l'impérialisme hellène dut se résigner à enrichir leur encadrement mythique d'attributs secondaires prélevés pour l'essentiel auprès des Dioscures comme la paternité jovienne et l'assistance aux embarcations en détresse. En point d'orgue, et comme pour mieux arrimer ces glissements significatifs, la paire lacédémonienne partageait avec les Paliques la précieuse capacité de jauger les serments.

D'un abord séduisant, cette théorie résiste peu à un examen assez soutenu. En effet, sa démarche interne paraît triplement indéfendable : d'abord, parce que les versions qui font descendre les Paliques d'Adranos-Héphaistos ne font aucune allusion à des génitoires surgis d'un foyer ou à une étincelle fécondante projetée dans le giron d'une vierge[273]; ensuite, parce que, loin d'être un des caractères de la gémellité indo-européenne, ce motif électif concerne d'habitude des individus isolés appelés à régner : son attribution à Romulus et Rémus — qui plus est dans le chef du seul Promathion — suffit seulement à les inscrire dans cette catégorie d'êtres prédestinés, à renforcer leur étonnante identité d'une autre marque distinctive; enfin et surtout, parce que ce thème participe au Latium à une structure de royauté indo-européenne bien démontée par D. Briquel[274] et qu'il paraît hautement improbable que la paternité du feu ait été l'unique segment du modèle gémellaire indo-européen — pour autant qu'il en fasse vraiment partie — à gagner la Sicile en droite ligne ou par le truchement de Rome. Ces objections hypothèquent lourdement la thèse d'une conception ignée des Paliques venue d'un apport vertical, d'une filière septentrionale déroulée sur toute la longueur de l'Italie. Ce constat d'échec nous oblige à étudier l'éventualité d'un apport horizontal venu de Grèce.

Or, une fois quitté son appareil légendaire, délaissées les variantes qui en obscurcissent l'approche et filtrées les scories qui l'épaississent vainement, le récit de la naissance des Paliques dévoile une épine dorsale où s'enchaînent trois maillons principaux — le viol dont un dieu accable l'objet de son désir, la maternité de la Terre et la logique densité chtonienne de son fruit — qu'on retrouve, ainsi alignés, dans une série de récits grecs qui représentent la Terre devenue mère parce qu'une déesse s'était dérobée à l'infamante étreinte de Zeus ou d'Héphaistos. La semence du premier lui confie ainsi Agdistis et les Centaures qu'auraient dû porter Cybèle[275] et Aphrodite[276]; celle du second, Érichthonios censé

---

[273] Même s'il arrive que des φαλλοί poussent de terre ou émergent du monde infernal (M. DARAKI, *Dionysos*, 1985, p. 124), le motif n'apparaît nullement dans la légende des Paliques.

[274] D. BRIQUEL, *Épopée*, 1981, pp. 14-15.

[275] Arn., V, 5.

[276] Nonnus, *Dion.*, XXXII, 72.

naître d'Athéna[277]. S'y ajoute le cas particulièrement lumineux de Tityos[278]. Qu'on en juge : redoutant la fureur jalouse de Héra, Zeus cache Élarée enceinte dans le sein de la terre où elle accouche du géant[279] que croisent Ulysse et Énée quand ils descendent aux Enfers[280]. Il s'agit de l'exacte réplique de l'intrigue rapportée aux Paliques à ceci près qu'un être singulier s'y substitue à des jumeaux[281]. Objectera-t-on que leur ge-

---

[277] Isocr., *Panath.*, 126; Plut., *Dix Orat.*, p. 843 e. Qualifié d'ouranien car il découle de la fécondation de la glèbe par une puissance divine, ce type de naissance miraculeuse englobe aussi les stades antérieurs de l'évolution qu'il boucle, à savoir les gestations que la semence d'un dieu, libérée de toute médiation, confie à la Terre et les générations spontanées des γηγενεῖς. La première espèce réunit Mithra, né de Zeus et de la Pierre Noire (Hiér., *Adu. Jov.*, 246-247), ainsi que les rejetons de Poséidon que sont le cheval par excellence (*Schol. ad Lycophr.*, 766 et *Schol. ad Pind. Pyth.*, IV, 246) et les Aloades (du moins dans leur pedigree initial accessible dans *Schol. ad Apoll. Rhod.*, I, 482) qui prouvent que les Paliques ne sont pas les seuls jumeaux bénéficiaires de ce prodige. La seconde rassemble la Gorgone, les Cabires, Typhon et Érechthée (Hom., *Il.*, II, 545-549). Étudiant ce faisceau de traditions, M. DELCOURT, *Héphaistos*, 1957, pp. 148-149 livre l'ordre d'entrée en scène des personnages impliqués dans les variations qu'elles improvisent autour du même thème : à l'élément premier, l'enfant surgi du sol, vinrent successivement s'ajouter la mère effective, le père et celle qu'il entend posséder. La remarque est d'importance pour notre connaissance de la formation de la filiation des Paliques : à l'inverse de ce que prétend Hésych., *s.v°* Παλικοί, les jumeaux siciliens auraient d'abord été munis d'une mère avant de connaître un père. Deux justifications antinomiques rendraient alors raison du libellé du lexicographe grec : ou bien il transmettrait l'ancien cachet d'une généalogie remodelée sur celle d'Érichthonios (*cf. infra* pp. 84-87), ou bien il nantirait ces jumeaux locaux d'une hérédité chtonienne autonome où prévalait le père.

[278] L. BLOCH, *Palikoi*, 1897-1902, col. 1293; M. DELCOURT, *Héphaistos*, 1957, pp. 147-148 et A. KOSSATZ-DEISSMANN, *Dramen*, 1978, p. 35 opèrent déjà ce rapprochement avec le géant, fils de Zeus et d'Élarée, que tuèrent Diane et Apollon pour avoir outragé leur mère Léto : Hom., *Od.*, XI, 576-581; Apoll. Rhod., *Argon.*, I, 759-762.

[279] Apoll., I, 4, 1 alors que chez Hom., *Od.*, XI, 596 et Verg., *Aen.*, VI, 595, il naît immédiatement de la glèbe féconde, ce qui l'assimile aux γηγενεῖς dont nous venons de parler (*cf. supra* p. 82 n° 277). Parfaite illustration de la thèse de M. Delcourt dont la même note antérieure rappelle les grandes lignes, la légende de la naissance de Tityos se serait ainsi développée en deux temps : au départ pur produit de la Terre exempte de tout rapport avec la sphère du masculin (la version d'Homère et de Virgile), il serait ensuite entré dans la descendance de Zeus et, dans la foulée, devenu le héros du récit ici résumé.

[280] Hom., *Od.*, XI, 596-581; Verg., *Aen.*, VI, 595-600 qui juchent sur ce corps large de neuf arpents un ou deux vautours occupés à lui disséquer le foie : Lucr., *N.R.*, III, 984-994 donne aussi une lecture, toute philosophique, de ce supplice prométhéen.

[281] Dès lors, peut-on, au nom de cette parenté, transférer aux Paliques le schéma évolutif appliqué à Tityos? Dans l'affirmative, les jumeaux aux cratères auraient d'abord été les fils de la Terre avant d'entrer dans la descendance d'Adranos-Héphaistos puis dans celle de Zeus, double affectation qui les aurait entraînés à leur tour dans un récit au scénario désormais convenu. Cela s'expliquerait assez bien si l'on se réfère à la topographie du site dédié aux

nèse officielle dote les Paliques d'une mère incapable de se soustraire à la convoitise d'un dieu qui la féconde en la violant? M. Delcourt répondra que les Paliques ont d'abord été, à l'instar de Tityos, des fils de Gê dont Thalia et Élarée ne seraient que les doublures[282].

Ceci posé, il faut encore décider si la parfaite adéquation des origines des Paliques et de Tityos s'explique par l'exploitation indépendante d'un héritage commun plutôt que par un démarquage pur et simple. L'exacte correspondance de leurs scénarios respectifs plaide en faveur de la seconde solution, d'autant que d'autres légendes de la même veine ont pu faciliter l'opération et notamment celle d'Érichthonios. Voyons comment en avançant une explication qui n'a d'autre prétention que d'oser une hypothèse de travail.

Aux colons grecs qui les sondèrent au sujet des Paliques, les insulaires durent les présenter comme d'anciens dieux jumeaux nationaux aussi vénérables que prestigieux chargés de veiller, près de cratères aux inquiétantes propriétés, à la droiture des serments proférés devant eux. Étaient-ils toujours les enfants sans père de la Terre féconde, comme le suggère M. Delcourt, ou passaient-ils déjà pour les fils de cet Adranos voisin de leur Héphaistos? Il est bien difficile de le savoir[283]. Disons

---

Paliques qui, dans cette optique, pourraient très bien avoir personnifié des phénomènes telluriques qui dépassaient l'entendement des Anciens (*cf. supra* p. 16 n° 21). Il n'y a donc rien d'impossible à ce qu'ils aient initialement été des γηγενεῖς surgis des mêmes replis souterrains que les projections aquatiques et gazeuses dont ils épousent les trajectoires, sinon que — contrairement aux informations recueillies à propos de Tityos — nous ne disposons pour eux d'aucune indication relative à cet ancien état de leur légende. Il faudrait donc imaginer (*cf. supra* pp. 78-79) que cette information ait existé, dans la tradition orale ou dans une frange de sa fixation écrite aujourd'hui perdue, ce qui revient à invoquer l'argument du silence dont on connaît toute la précarité.

[282] M. DELCOURT, *Héphaistos*, 1957, pp. 148 et 152.

[283] Même si L. BLOCH, *Palikoi*, 1897-1902, col. 1295 et K. ZIEGLER, *Palikoi*, 1949, col. 117, 120 pensent — attisant ainsi les réserves de E. MANNI, *Divagazioni*, 1983, pp. 183-184 — que les divinités siciliennes honorées sur l'île étaient des entités indépendantes avant l'arrivée des Grecs qui les dotèrent de généalogies artificielles calquées sur celles que multipliait leur propre panthéon. Dans leur esprit, Héphaistos et Zeus n'auraient pas repris la paternité des Paliques à Adranos (comme l'imaginait I. LÉVY, *Dieux siciliens*, 1899, pp. 275-276), c'est tout au contraire sur les épaules de ce dieu local que les indigènes auraient transféré une filiation forgée en milieu grec. Telle est aussi la position d'A. KOSSATZ-DEISSMANN, *Dramen*, 1978, p. 35 n° 96. À cet égard, n'oublions pas qu'à l'origine, la Sicile ne disposait pas d'un panthéon aussi articulé que celui des Grecs. On sait ainsi que les divinités de l'île étaient fort isolées et que ce sont les nouveaux arrivants qui tissèrent entre les dieux locaux les liens et les connexions décrits dans les rapports rédigés à date récente : L. BLOCH, *Palikoi*, 1897-1902, col. 1281-1282; K. ZIEGLER, *Palikoi*, 1949, col. 117-118; E. MANNI, *Divagazioni*, 1983, pp. 183-184. L'idée d'une relation primitivement assez lâche entre nos jumeaux et leur père putatif n'est donc pas à rejeter a priori.

seulement que les renseignements recueillis sur place, trop maigres pour satisfaire des esprits habitués à côtoyer des divinités aux contours moins schématiques, polarisèrent leur attention sur la forte coloration chtonien ne de ces intriguantes divinités. Elle les impressionna sans doute beaucoup plus que leur qualité gémellaire et les persuada de chercher, dans leur propre patrimoine culturel, une légende similaire susceptible d'être transplantée en terre sicilienne. Celle de Tityos leur parut convenir, que la greffe ait eu lieu à partir de sa mouture archaïque disponible chez Homère et Virgile ou de sa forme la plus évoluée conservée chez Apollodore.

Mais l'indéniable pigmentation chtonienne des Paliques dut aussi orienter leurs réflexions vers une autre illustration, radicale et exemplaire cette fois, de la même thématique foncière : la fameuse autochtonie d'Érichthonios. Dès lors, de deux choses l'une : ou bien Adranos n'était pas encore le père des Paliques et il fut promu à cette fonction par concordance avec Héphaistos; ou bien il assumait déjà cette paternité, comme tendrait à le prouver le dictionnaire d'Hésychius, dont le dieu forgeron ne tarda pas à le priver[284]. En l'occurrence, cette dernière définition de l'hérédité des Paliques confiée à un père en relation avec le feu, surtout si elle coïncide avec son état original, offre l'immense avantage de comprendre un indice propre à orienter les Grecs à l'identifier avec Héphaistos[285]. De là à imaginer que certains traits de la légende d'Érich-

---

[284] De plus, Héphaistos est un dieu expulsé, tombé du ciel dans un lieu inférieur, que Zeus l'expédie à l'âge adulte chez les Sintiens de Lemnos (Hom., *Il.*, I, 589-594; Apoll., I, 3, 5) ou qu'il chute dans la mer à cause d'Héra honteuse d'avoir donné le jour à un enfant contrefait (Hom., *Il.*, XVIII, 394-409; *Hym. hom. à Apollon*, 316-320) : M. Delcourt, *Héphaistos*, 1957, pp. 41-43, 116-120 et J. Rudhardt, *Maternité*, 1990, pp. 381-382.

[285] Si l'Adranos d'Hésych., *s.v°* Παλικοί représente non pas l'équivalent sicule d'Héphaistos apparu après que les Grecs aient unilatéralement décidé d'investir l'infirme artisan de la paternité des Paliques (*cf. supra* p. 84 n° 283), mais le premier détenteur de cette responsabilité, l'absence de figure féminine dans le lemme concerné renforce quelque peu l'hypothèse émise : aux antipodes de la doctrine de M. Delcourt (*cf. supra* p. 82 n° 277), cela pourrait tout simplement signifier qu'à l'origine les Παλικοί n'avaient qu'un père et pas de mère. À ce titre, ils symboliseraient vraiment cette pure autochtonie dont les Athéniens cultivent le regret et le rapprochement que nous proposons n'en prendrait que plus de sens. Ajoutons que trois types d'explications incompatibles peuvent motiver l'éclipse de tout visage féminin aux côtés de l'Adranos d'Hésychius : si l'auteur de l'*Onomatologue* ne transmet pas une lointaine généalogie locale ainsi libellée, s'il n'a pas maladroitement omis de notifier l'existence de ce personnage, il l'a sciemment fait disparaître, qu'il fixe lui-même ce choix ou qu'il reproduise servilement les dires de prédécesseurs déterminés à passer sous silence le rôle de cette jeune femme. Si la première option se nourrit du caractère lacunaire de la mythologie locale antérieure à la colonisation grecque, l'incurie d'Hésychius serait totalement responsable de la deuxième. Quant à la troisième, quel qu'en soit l'auteur, elle a fort bien pu être décrétée dans l'intention de dénoncer, voire d'accentuer — à la façon du fameux rêve grec qui voudrait

thonios s'infiltrèrent dans celle de Tityos pour prêter aux Paliques une naissance digne de ce nom, il n'y a qu'un pas. Mais on pourrait tout aussi bien inverser l'ordre des opérations et supposer que l'indéniable autochtonie des Paliques les rapprocha d'abord du modèle athénien avant d'attirer sur eux la légende de Tityos : cette chronologie égalerait celle du déplacement de la paternité gémellaire d'Héphaistos vers Zeus[286]. Afin de mieux fixer sa quote-part à cette combinaison, quelle que soit la procédure suivie, résumons brièvement le propos de la célèbre légende athénienne[287].

Étrange naissance en vérité que celle d'Érichthonios où l'autochtonie le dispute à l'union charnelle. Insensible aux charmes d'Aphrodite, Athéna fuit devant Héphaistos qui brûle de la posséder. Éperdu de désir, le dieu forgeron tente alors de la violer, resserre son étreinte sur le vide et répand sa semence à même la terre qui, ainsi fécondée par accident, donne le jour à Érichthonios[288]. Les segments de ce schéma narratif qui fit déjà couler beaucoup d'encre[289] s'ajustent sans grande difficulté à l'économie du roman mythologique tissé autour de la genèse des Paliques, à cette restriction près que reproduction sexuelle et autochtonie, disjointes sur l'Acropole, se complètent en Sicile. Peut-être à cause du remplacement d'Héphaistos par Zeus, en partie fondé sur le parallélisme avec les Dioscures : il est en effet parfaitement légitime d'associer la première forme de génération au dieu boiteux et l'autre au maître de l'Olympe, puis de suspecter la tradition définitive de les avoir fait coexister sur la seconde tête. Constituée d'Héphaistos et de la nymphe Aetna, la première parenté des Paliques sortie des officines grecques aurait

---

faire naître les hommes de leur sexe sans le concours des femmes — l'autochtonie des rejetons que la majeure partie de la tradition lui fait mettre au monde.

[286] Une variante de la légende d'Érichthonios correspond en effet aux premiers renseignements collectés à propos de Tityos : ainsi Eur., *Ion*, 15-25 et 262-273 le fait-il naître de la Terre (avec Hom., *Od.*, VII, 324) et recueillir par Athéna qui le confie aux vierges Aglaurides : L. PARMENTIER, *Euripide III*, 1950, p. 203 n° 1.

[287] Pour ce faire, nous nous appuyerons ici sur l'excellente synthèse de N. LORAUX, *Enfants*, 1990, pp. 132-147.

[288] Amelesagoras (= *FGrH* 330 F 1), *apud* Antigone de Carystos, *Hist. mir.*, 12; Apoll., III, 14, 6; Hygin., *Fab.*, 166; Fulg., *Myth.*, 2, 11.

[289] M. FOWLER, *Erichthonios*, 1943, pp. 28-32; W. BURKERT, *Kekropidensage*, 1966, pp. 1-31; CL. BÉRARD, *Anodoi*, 1974, pp. 34-38; M. DARAKI, *Dionysos*, 1985, pp. 142-152; P. BRULÉ, *Filles*, 1987, pp. 124-138; P. LÉVÊQUE-L. SÉCHAN, *Grandes divinités*, 1990, p. 326 et D. BRIQUEL, *Peuple*, 1993, pp. 83, 86, 89 pour se limiter à ces quelques études. Sur la vision étrusco-romaine du thème de l'autochtonie, voir D. BRIQUEL, *Autochtonie*, 1983, pp. 65-86; ID., *Peuple*, 1993, pp. 171-220 et ID., *Romains*, 1994, pp. 67-78.

été parfaitement symétrique à celle d'Érichthonios[290]. Elle seule aurait donc été transférée aux dieux siciliens autochtones par excellence sans que l'ensemble de la légende athénienne n'accompagne le mouvement, comme semblent l'insinuer les sources où ce couple parental survit toujours coupé des péripéties qui occasionnent la naissance de Tityos. Lesquelles surviennent seulement quand Zeus, qui est aussi le père du géant perfide, est convié à les procréer.

Aussi pouvons-nous maintenant retracer, avec assez de précision, l'itinéraire que suivit l'élaboration de la genèse des Paliques avant d'adopter son drapé définitif. Cela commence par une alternative fondamentale portant sur le statut initial des dieux siciliens, alternative qui modifie sensiblement l'agencement de l'échafaudage proposé. Dans l'esprit des indigènes, étaient-ils originellement des êtres sortis de terre qui serait seule à les produire ou les fils d'Adranos-Héphaistos? Le premier embranchement, malheureusement réduit à l'état de pure conjecture, ne se laisse deviner qu'au travers de la première version de la naissance du géant Tityos. Or, dans sa forme la plus achevée, ce fabuleux événement coïncide au détail près avec le récit où les Paliques voient le jour. À ce compte, peut-on croire que les esquisses de ces narrations étaient aussi interchangeables que leurs moutures définitives, en clair qu'un strict parallélisme les a fait évoluer dans la même direction du début à la fin? C'est possible, mais loin d'être affirmé. Il se peut aussi que le canevas de la naissance de Tityos ait été plaqué, à date récente et sans autre forme de procès, sur les Paliques. Solution plus pragmatique certes, mais qui souffre d'un grave inconvénient : si tous sont finalement des rejetons joviens, comment expliquer que les Paliques aient d'abord été ceux d'Héphaistos, absent dans la légende de Tityos? Il faut alors s'en remettre à l'expédient d'une contamination avec la filiation d'Érichthonios. Disposées de cette manière, les pièces du puzzle s'emboîtent cependant trop difficilement.

Tournons-nous alors vers le second embranchement pour voir s'il ouvre d'autres horizons. En fait, rien n'assure que la paternité d'Adranos, bien que légitimée par le dictionnaire d'Hésychius, ait constitué la généalogie primitive des Paliques. Toutefois, qu'elle l'ait été ou qu'elle ait pris la place initialement occupée par une Terre capable d'engendrer seule, les Grecs, sans doute plus sensibles à l'indéniable autochtonie des Paliques qu'à leur condition gémellaire, leur auraient attribué l'ascendance d'Érichthonios, le meilleur représentant de cette symbolique. Mais son ascendance seulement, car Athènes jouissait du monopole de la légende qui en dépendait. Comme il leur fallait enfiler une autre parure légendaire sur la naissance des divinités siciliennes, les Grecs l'auraient

---

[290] On peut même se demander si le choix de la nymphe Aetna ne découlerait pas alors d'une grossière transposition du nom d'Athéna.

directement empruntée au mythe de Tityos qui présentait le double avantage de s'articuler lui aussi autour de la thématique autochtone et du père des Dioscures, les plus illustres jumeaux grecs. À la faveur de cette conjecture, la trame générale de la genèse des Paliques apparaît comme la projection d'un modèle grec centré sur l'autochtonie des divinités aux cratères plutôt que sur leur caractère gémellaire et, abstraction faite de la référence jovienne, en tout cas dénué de tout rapport avec la gémellité indo-européenne. Ce qui n'autoriserait pas à les ranger dans cette catégorie.

CONCLUSIONS

Au terme de ce débat, il importe de jeter un regard rétrospectif sur les enseignements tirés de l'examen fouillé du dossier des Paliques, de revenir surtout sur le silence dont l'immense majorité de la tradition couvre leur gémellité, question importante qui n'a été qu'effleurée en cours de route. En dépit de ce mutisme, ces divinités siciliennes disposent de caractères et d'aptitudes suffisant à revendiquer la reconnaissance de cet isomorphisme. Puisque ce constat émane d'une déduction, convenons donc de parler à leur propos de «gémellité intuitive» par opposition aux actualisations avouées de ce mythologème. Mais, sauf à dire qu'elle élit des dieux plutôt que des héros, à quelle gémellité avons-nous affaire : locale, indo-européenne ou à un amalgame de ces deux conceptions, la première ayant malgré tout opposé une farouche résistance au développement des riches dispositifs de la seconde?

À la lumière des renseignements alignés, on peut raisonnablement envisager que la mythologie primitive de la Sicile connaissait avec les Paliques un binôme divin qui, au vu de ses capacités et des quelques bribes de son histoire, semble d'allure indo-européenne. De sérieuses réserves tempèrent néanmoins la portée de ce jugement : l'apport extérieur ne modifie que l'emballage du module gémellaire sicilien dont l'ancienne liturgie subsiste sous des habits neufs. Ainsi peut-on maintenant envisager l'existence d'une ancienne gémellité locale, non indo-européenne, qui aurait perdu son enveloppe mythique originale mais conservé des rituels ancrés dans la haute mémoire des insulaires.

À l'évidence, quand on ne tient pas compte des points communs à tous les jumeaux répertoriés à l'échelon mondial, la gémellité des Paliques, loin de s'ajuster précisément au modèle indo-européen, ne l'égale qu'assez imparfaitement, offrant par là l'image d'un décalage significatif par rapport au modèle pressenti. Du côté sicilien, en effet, campent les Παλικοί, des jumeaux au nom mystérieux dont le rattachement au régime linguistique indo-européen n'a encore reçu aucune assurance, solidaires au point de n'arborer aucun signe distinctif et d'apparaître statiques, comme figés, puisque privés de l'arsenal mythique mobilisé par l'idéologie trifonctionnelle pour rompre la troublante parité constitutive de figures aussi symétriques. En haute estime auprès des insulaires qui avaient conscience de s'en remettre à des divinités surgies du fond des âges, ce binôme gémellaire se plaisait surtout à valider les plus solennels des serments professés devant lui à l'occasion de litiges judiciaires. Son sanctuaire sert aussi de point de ralliement au patriotisme local soucieux de secouer le joug des impérialismes grec et romain. Dans le même ordre d'idées se range l'inviolabilité qui interdit aux maîtres trop despotiques l'accès à cette enceinte où convergent leurs esclaves victimes de sévices ou de brimades. L'appoint de ses aspects secondaires, la filiation jovienne et la vocation maritime, parachèvera cette vue d'ensemble.

Avec elle nous sommes loin, on en conviendra, de l'adroite architecture de l'archétype de la gémellité indo-européenne : ici point d'annexion de jumeaux inégaux aux deux premières fonctions duméziliennes, ni de séjour de dieux appartenant à la troisième fonction parmi les hommes[291]. Seules demeurent, parfois très lâches, des connexions avec la paternité jovienne et la protection des serments, des navigateurs et des esclaves fugitifs, voire avec le rôle de justiciers. Puisqu'elle se combine avec des prestations de serments (ceux par lesquels les propriétaires désireux de récupérer leur main-d'œuvre s'engagent à humaniser leur comportement), cette ochlophilie pourrait n'être qu'une extension proprement indo-européenne d'une donnée locale. Ce qui est peu, on l'avouera, pour embrigader *ipso facto* les Paliques dans la vaste confrérie des jumeaux indo-européens.

Et si, en nous inspirant de celle que G. Dumézil entreprend entre les Aśvin et les *Martigenae*[292], nous tentons une approche croisée des Paliques et des deux couples que comparait le savant français, les résultats ne s'améliorent guère : les dieux siciliens ne fréquentent pas l'humanité, ne remettent pas en selle un être déchu ou décrépit, n'enraient aucune stérilité féminine et n'entretiennent aucun rapport privilégié avec un loup ou une louve. Ils peuvent seulement passer pour des redresseurs de tort et, on sait comment, commercer avec le feu. Tout cela nous semble bien léger pour que les Paliques prolongent, à leur manière, d'anciens dieux jumeaux indo-européens. De sorte qu'il nous paraît prudent d'adopter une attitude plus mitigée : qu'un épais enduit indo-européen ait recouvert la paire sicilienne, c'est indéniable; qu'elle soit d'essence indo-européenne, c'est moins sûr. Appelé à encadrer un rituel immémorial, le frac indo-européen couvrirait alors les vestiges d'une ancienne structure gémellaire locale, que nous qualifierions de «méditerranéenne» si le

---

[291] G. DUMÉZIL, *RRA*, 1974, p. 262 note qu'une telle promiscuité définit les divinités du dernier étage de la hiérarchie trifonctionnelle répertoriées dans les panthéons hindou et scandinave.

[292] G. DUMÉZIL, *RRA*, 1974, pp. 262-266.

terme ne prêtait à discussion, dont la colonisation de l'île aurait bridé la forme. Sous ces habits d'emprunt percerait malgré tout le lointain souvenir d'un substrat local, celui de jumeaux divins qui, dépourvus d'individualités précises mais nantis de solides attaches chtoniennes, seraient — qualité originale — prioritairement voués à valider les serments loyaux prononcés sous leurs auspices. En saine logique, l'impact de la symbolique consubstantielle à ce groupe homogène le porterait tout naturellement à se muer en promesse d'abondance. Suite à l'évolution dessinée il y a peu[293], il aurait fini par endosser un profil indo-européen fort rudimentaire.

En dépit du crédit dont jouit parfois la dérivation indo-européenne, cette voie médiane reçoit notre préférence parce que les données ajoutées ne touchent pas les personnalités individuelles des jumeaux toujours considérés en bloc, mais uniquement l'enveloppe mythique de leur naissance et l'exposé de leurs pouvoirs séculaires. À nos yeux, cette faculté à se maintenir est hautement révélatrice : l'incapacité de ce noyau gémellaire à se scinder prouve à coup sûr son ancienneté. Ses éléments particuliers, à de rares et précaires exceptions près, se dissolvent toujours dans l'anonymat de la dénomination plurielle. D'usage courant dans les mythologies d'étoffe indo-européenne, ces appellations uniformes coiffent d'ordinaire des figures distinctes quoique complémentaires. Rien de tout cela dans le cas qui nous occupe. Monolithique, la gémellité sicilienne s'avère imperméable à toute simplification de ses éléments.

Les pages précédentes ont souligné les limites de l'emprise indo-européenne sur les Paliques auxquels sont rivés des actes immémoriaux qu'elle se contente d'enrober d'une nouvelle parure légendaire. Selon toute vraisemblance, cette permanence des coutumes locales sous ce costume d'emprunt explique que le binôme sicilien soit visiblement privé du savant mécanisme qui impartit à chaque jumeau indo-européen des qualités, des tempéraments et des gestes associés aux deux premières fonctions. Leur ancienneté les préservait sans doute d'une scission à laquelle rien ne les préparait et dont l'introduction put aussi être freinée par la crainte permanente de voir pareille division enclencher une violence désastreuse, pareille à celle qui oppose Rémus à Romulus.

Reste à régler la dernière question restée en souffrance : préciser le sens du silence jeté sur la gémellité des Paliques tout au long de la tradition, à l'exception de la déposition tardive et isolée de la seconde *Mythographie vaticane*. Pourquoi occulter une facette aussi significative de leur personnalité? Paradoxalement la réponse réside peut-être dans l'équivoque, l'ambivalence qu'inspire l'embarrassante symétrie des ju-

---

[293] *Cf. supra* pp. 76-79.

meaux. En effet, de même que le désarroi qu'elles provoquent, la rupture de l'ordre naturel qu'entraînent de telles naissances concomitantes pousse les cultures archaïques à y déceler un signe néfaste, à y voir la source de prochaines calamités. À leurs yeux, cette puissance négative ne quitte jamais tout à fait les jumeaux même lorsqu'ils s'avèrent généreux et bénéfiques. Latente, elle menace toujours la communauté que déroute l'irruption d'êtres identiques[294]. Or, les Paliques manifestent la même ambiguïté en se montrant tantôt dangereux et implacables pour les parjures, tantôt aimables et compréhensifs pour leurs adeptes en difficulté. Il se peut donc que ceux-ci aient hésité à mentionner la gémellité des dieux qu'ils honoraient, de peur d'éveiller leurs terribles prédispositions en y faisant allusion. Si nous avons raison, les premières sources n'auraient fait que consigner cette habitude ensuite répercutée chez les antiquaires qui les consultèrent.

Une autre explication, exclusive ou complémentaire de la précédente selon le point de vue privilégié, peut aussi rendre compte des réticences de la tradition à dévoiler la gémellité des Paliques. Elle suppose que ces anciens jumeaux locaux, rétifs à l'idée d'enfiler la livrée du paradigme gémellaire indo-européen, aient néanmoins accepté de s'adjoindre certains éléments de ce modèle propres à développer leur culte sans le dénaturer. Forcée de composer avec la résistance des croyances locales, l'idéologie indo-européenne aurait alors décidé de prendre ses distances avec une gémellité étrangère à son système de référence en ne la nommant pas.

En voilà assez. Pour autant qu'elle soit valide, la structure porteuse ici dégagée convient-elle à cette seule acception cantonnée en Sicile ou s'est-elle implantée dans d'autres sites italiens? En d'autres termes, aurions-nous mis la main sur les contours encore imprécis d'une gémellité mythique propre à l'Italie? On s'aventurerait à l'affirmer au départ du seul exemple sicilien, même au nom des quelques traits communs qui l'apparenteraient à Romulus et Rémus. Si tel devait être le cas, l'aire de diffusion et le niveau d'exploitation de ce schéma théorique devront être délimités. Tout comme il faudra sonder la légende des *Martigenae* à la recherche de telles traces blotties sous les plis de sa défroque indo-européenne. Malgré leur indéniable intérêt, toutes ces questions additionnelles abordent des domaines qui dépassent largement le cadre imparti à l'étude des Paliques. Elles n'y ont donc pas été intégrées car nous espérons pouvoir y revenir en d'autres occasions.

---

[294] *Cf.* A. MEURANT, *Idée de gémellité*, 1996, pp. 20-24 et 37-38.

BIBLIOGRAPHIE

Pour la commodité du lecteur, nous avons tenu à distinguer des sources anciennes les études modernes que nous avons utilisées. À quelques exceptions près, les travaux publiés avant 1945 n'y ont pas été repris, leurs références précises restant accessibles dans les notes où ils figurent. Les abréviations sont celles de *L'Année philologique*.

SOURCES ANCIENNES

N'apparaissent ici que les ouvrages d'où proviennent les textes, traduits ou non, que nous citons littéralement. Sauf indication contraire, les traductions fournies sont celles des éditeurs modernes.

A. Ouvrages complets

AELIAN, *On the Characteristics of Animals*, with an english translation by A.F. SCHOLFIELD, Londres-Cambridge, 1959, 453 pp. (Loeb).

Anthologie grecque. Première Partie. Anthologie palatine. Tome I. Livres I-IV², Texte établi et traduit par P. WALTZ, Paris, 1960, 137 pp. en partie doubles (Collection des Universités de France).

APOLLODORUS, *The Library. I*, with an english translation by J.G. FRAZER, Londres-New York, 1961, 403 pp. (Loeb).

ID., *The Libray. II*, with an english translation by J.G. FRAZER, Londres-New York, 1961, 546 pp. (Loeb).

APOLLONIOS DE RHODES, *Argonautiques. Tome I. Chants I-II*, Texte établi et commenté par FR. VIAN et traduit par É. DELAGE, Paris, 1974, 285 pp. en partie doubles (Collection des Universités de France).

Bibliographie

ID., *Argonautiques. Tome III. Chant IV*, Texte établi et commenté par FR. VIAN et traduit par É. DELAGE et FR. VIAN, Paris, 1981, 273 pp. (Collection des Universités de France).

ARISTOTLE, *Minors Works. On Colours, On Things Heard, On Physiognomics, On Plants, On Marvellous Things Heard, Mechanical Problems, On Indivisible Lines, On Situations and Names of Winds, On Melissus, Xenophanes and Gorgias*, with an english translation by W.S. HETT, Londres-Cambridge, 1955, 566 pp. (Loeb).

Arnobii Afri opera omnia, dans *PL*, t. 5, 1844, 1388 col.

AULU-GELLE, *Les nuits attiques. Tome III. Livres XI-XV*, Texte établi et traduit par R. MARACHE, Paris, 1989, 232 pp. en partie doubles (Collection des Universités de France).

CALLIMAQUE, *Les origines, Réponse aux Telchines, Élégies, Épigrammes, Iambes et pièces lyriques, Hécalé, Hymnes*[5], Texte établi et traduit par É. CAHEN, Paris, 1961, 330 pp. en partie doubles (Collection des Universités de France).

CICÉRON, *Discours. Tome V. Seconde action contre Verrès. Livre IV : Les œuvres d'art*, Texte établi par H. BORNECQUE et traduit par G. RABAUD, Paris, 1927, 94 pp. en partie doubles (Collection des Universités de France).

DIODORUS OF SICILY, *II. Books II (continued), 35-IV, 58; III. Books IV (continued), 59-VIII; IV. Books IX-XII, 40; V. Books XII, 41-XIII; VI. Books XIV-XV, 19* with an english translation by C.H. OLDFATHER, Londres-Cambridge, 1939-1954, respectivement 539, 433, 467, 453 et 379 pp. (Loeb).

ID., *XII. Fragments of books XXXIII-XL*, with an english translation by F.R. WALTON, with a general index to Diodorus by R.M. GEER, Londres-Cambridge, 1967, 678 pp. (Loeb).

DIONYSIUS OF HALICARNASSUS, *The Roman Antiquities. I. Books I-II*, with an english translation by E. CARY on the basis of the version of ED. SPELMAN, Londres-Cambridge, 1968, 553 pp. (Loeb), rendu dans la traduction de V. FROMENTIN-J. SCHNÄBELE, *Denys d'Halicarnasse, Les antiquités romaines. Livres I et II (Les origines de Rome)*, Paris, 1990, 303 pp. + 3 cartes (La Roue à Livres).

ID., *The Roman Antiquities. II. Books III-IV*, with an english translation by E. CARY on the basis of the version of ED. SPELMAN, Londres-Cambridge, 1953, 532 pp. (Loeb).

Dio's Roman History, I, with an english translation by E. CARY on the basis of the version of H.B. FOSTER, Londres-New York, 1914, 449 pp. (Loeb).

EURIPIDE, *Tome III. Héraclès, Les Suppliantes, Ion*, Texte établi et traduit par L. PARMENTIER et H. GRÉGOIRE, Paris, 1959, 247 pp. en partie doubles (Collection des Universités de France).

Eustathii archiepiscopi Thessalonicensis commentarii ad Homeri Iliadem pertinentes ad fidem codicis Laurentiam. Volume II. Praefationem et commentarios ad libros E-I completens, edidit M. VAN DER VALK, Leiden, 1976, 838 pp.

Fabii Planciadis Fulgentii V.C. opera accedunt Fabii Claudii Gordiani Fulgentii V.C. De Aetatibus mundi et hominis et S. Fulgentii episcopi super Thebaiden, recensuit R. HELM, Leipzig, 1898 (réimpr. Stuttgart, 1970; addenda adiecit J. PRÉAUX), 215 pp. (Bibliotheca Teubneriana).

Bibliographie

Geographi Graeci minores. Vol.II, e codicibus recognouit, prolegomenis, annotatione, indicibus instruxit, tabulis aeri incisis illustrauit C. MÜLLER, Paris, 1861, 655 pp. (Scriptorum Graecorum Bibliotheca).

HÉRODOTE, *Histoires. Livres IV. Melpomène*, Texte établi et traduit par PH. E. LEGRAND, Paris, 1945, 202 pp. en partie doubles (Collection des Universités de France).

HÉSIODE, *Théogonie, Les travaux et les jours, Le bouclier*, Texte établi et traduit par P. MAZON, Paris, 1972, 158 pp. en partie doubles (Collection des Universités de France).

Hesychii Alexandrini Lexicon, volumen tertium (L-R), post I. ALBERTUM, recensuit M. SCHMIDT, Halle 1861 (réimpr. Amsterdam, 1965), 439 pp.

HOMÈRE, *Hymnes*, Texte établi et traduit par J. HUMBERT, Paris, 1951, 258 pp. (Collection des Universités de France).

ID., *Iliade. Tome I. Chants I-VI*, Texte établi et traduit par P. MAZON avec la collaboration de P. CHANTRAINE et P. COLLART, Paris, 1972, 174 pp. en partie doubles (Collection des Universités de France).

ID., *Iliade. Tome III. Chants XIII-XVIII*, Texte établi et traduit par P. MAZON avec la collaboration de P. CHANTRAINE et P. COLLART, Paris, 1938, 193 pp. en partie doubles (Collection des Universités de France).

ID., *L'Odyssée. «Poésie homérique». Tome I. Chants I-VII³*, Texte établi et traduit par V. BÉRARD, Paris, 1939, 206 pp. en partie doubles (Collection des Universités de France).

ID., *L'Odyssée. «Poésie homérique». Tome II. Chants VIII-XV²*, Texte établi et traduit par V. BÉRARD, Paris, 1933, 225 pp. en partie doubles (Collection des Universités de France).

ISOCRATE, *Discours. Tome II. Panégyrique, Plataïque, À Nicoclès, Nicoclès, Évagoras, Archidamos*, Texte établi et traduit par G. MATHIEU et É. BRÉMOND, Paris, 1938, 207 pp. en partie doubles (Collection des Universités de France).

ID., *Tome IV*, Texte établi et traduit par G. MATHIEU et É. BRÉMOND, Paris, 1962, 269 pp. en partie doubles (Collection des Universités de France).

Lactantii Placidii qui dicitur commentarios in Statii Thebaida et commentarium in Achilleida, recensuit R. JAHNKE, Leipzig, 1898, 522 pp. (Bibliotheca Teubneriana).

LUCRÈCE, *De la nature. Tome I. Livres I-III*, Texte établi et traduit par A. ERNOUT, 1972, 127 pp. en partie doubles (Collection des Universités de France).

Macrobii (Ambrosii Theodisii) Saturnalia, edidit I. WILLIS, Leipzig, 1963, 466 pp. (Bibliotheca Teubneriana) rendu dans la traduction de MACROBIUS AMBROSIUS THEODOSIUS, *Les Saturnales. Tome I. Livres I-III; Tome II. Livres IV-VII*, Traduction nouvelle avec introduction et notes par H. BORNECQUE, Paris, 1937, 422 et 468 pp. (Classiques Garnier. Auteurs latins).

MARTIANUS CAPELLA, edidit A. DICK, Leipzig 1925 (réimpr. Stuttgart, 1969; addenda adiecit J. PRÉAUX), 570 pp. (Bibliotheca Teubneriana).

Bibliographie

Mythographi Vaticani I et II, cura et studio P. KULCSÁR, Turnhout, 1987, 392 pp. (Corpus Christianorum. Series Latina, 91c).

Myths of Hyginus (The), translated and edited by M.A. GRANT, Lawrence, 1960, 244 pp. (University of Kansas Publications. Humanistic Studies, 34).

NONNOS, *Dionysiaca, II. Books XVI-XXXV*, with an english translation by W.H.D. ROUSE, mythological introduction and notes by H.J. ROSE and notes on text criticism by L.R. LIND, Londres-Cambridge, 1940, 547 pp. (Loeb).

Oribasii collectionum medicorum reliquiae, volumen I. Libri I-VIII, edidit I. RAEDER, Stuttgart, 1978, 300 pp. (Corpus Medicorum Graecorum auspiciis Academiarum associetarum ediderunt Academiae Berolensis Hauniensis Lipsiensis, VI, 1, 1. Bibliotheca Teubneriana).

OVIDE, *Les Fastes. Tome I. Livre I-III*; *Tome II. Livres IV-VI*, Texte établi, traduit et commenté par R. SCHILLING, Paris, 1992-1993, respectivement 193 et 261 pp. en partie doubles (Collection des Universités de France).

ID., *Les métamorphoses. Tome I. Livres I-V²*, Texte établi et traduit par G. LAFAYE, Paris, 1957, 149 pp. en partie doubles (Collection des Universités de France).

ID., *Pontiques*, Texte établi et traduit par J. ANDRÉ, Paris, 1977, 191 pp. en partie doubles (Collection des Universités de France).

ID., *Tristes*, Texte établi et traduit par J. ANDRÉ, Paris, 1968, 162 pp. en partie doubles (Collection des Universités de France).

PAUSANIAS, *Description of Greece, II. Books III-V*, with an english translation by W.H.S. JONES and H.A. ORMEROD, Cambridge-Londres, 1977, 551 pp. (Loeb).

ID., *Description of Greece, IV. Books VIII (XXII)-X*, with an english translation by W.H.S. JONES, Londres-Cambridge, 1935, 605 pp. (Loeb).

PLINE L'ANCIEN, *Histoire naturelle. Livre XI*, Texte établi, traduit et commenté par A. ERNOUT et le Dr R. PÉPIN, Paris, 1947, 220 pp. en partie doubles (Collection des Universités de France).

ID., *Histoire naturelle. Livre XXXI*, Texte établi, traduit et commenté par G. SERBAT, Paris, 1972, 195 pp. en partie doubles (Collection des Universités de France).

PLINY, *Natural History. Volume II. Libri III-VI*, with an english translation by H. RACKHAM, Londres-Cambridge, 1947, 664 pp. (Loeb).

PLUTARQUE, *Vies. Tome I. Thésée-Romulus, Lycurgue-Numa*, Texte établi et traduit par R. FLACELIÈRE, É. CHAMBRY et M. JUNEAUX, Paris, 1957, 244 pp. en partie doubles (Collection des Universités de France).

ID., *Vies. Tome IV. Timoléon-Paul Émile, Pélopidas-Marcellus*, Texte établi et traduit par R. FLACELIÈRE et É. CHAMBRY, Paris, 1966, 259 pp. (Collection des Universités de France).

ID., *Œuvres morales. Tome V. 1ʳᵉ partie. La fortune des Romains, La fortune ou la vertu d'Alexandre, La gloire des Athéniens*, Texte établi et traduit par FR. FRAZIER et

Bibliographie

CHR. FROIDEFOND, Paris, 1990, 283 pp. en partie doubles (Collection des Universités de France).

ID., *Œuvres morales. Tome XII*[1]. *Il ne faut pas s'endetter, Vies des dix orateurs*, Texte établi et traduit par M. CUVIGNY; *Comparaison d'Aristophane et de Ménandre, De la malignité d'Hérodote*, texte établi et traduit par G. LACHENAUD, Paris, 1981, 290 pp. en partie doubles (Collection des Universités de France).

POLYBE, *Histoires. Livre XII*, Texte établi et traduit par P. PÉDECH, Paris, 1961, 153 pp. en partie doubles (Collection des Universités de France).

PORPHYRE, *De l'abstinence. Tome II. Livres II et III*, Texte établi et traduit par J. BOUFFARTIGUES et M. PATILLON, Paris, 1979, 257 pp. en partie doubles (Collection des Universités de France).

PSEUDACRON, *Scholia in Horatium uetustiora. Vol. I. Schol. AV in Carmina et Epodos*, recensuit O. KELLER, Leipzig, 1902 (réimpr. Stuttgart, 1967), 480 pp. (Bibliotheca Teubneriana).

Pseudo-AURELIUS VICTOR, *Les origines du peuple romain*, Texte établi, traduit et commenté par J.-CL. RICHARD, Paris, 1983, 193 pp. en partie doubles (Collection des Universités de France).

Sancti Clementis I pontificis Romana opera omnia. Tomi I-II, dans *PG*, t. 1-2, 1857, respectivement 1484 et 1304 col.

Sancti Eusebii Hieronymi Stridonensis presbitery opera omnia. Tomi secundus et tertius, dans *PL*, t. 23, 1895, 1590 col.

Scholia Graeca in Homeri Odysseam ex codicibus aucta et emendata. Tomus I et II, edidit G. DINDORF, Oxford, 1855 (réimpr. Amsterdam, 1962), 844 pp.

Scholia in Apollonium Rhodium uetera, recensuit C. WENDEL, Berlin, 1935 (réimpr. Berlin, 1974), 401 pp.

Scholia uetera in Pindarii Carmina. Vol. II. Scholia in Pythionicas, adiectae sunt duae tabulae phototypicae, recensuit A.B. DRACHMAN, Leipzig, 1910, 270 pp. (Bibliotheca Teubneriana).

Seruii grammatici qui feruntur in Vergilii carmina commentarii, recensuerunt G. THILO-H. HAGEN, en 3 tomes, Berlin, 1881-1887 (réimpr. Hildesheim, 1961), 660, 650 et 540 pp.

SEXTUS POMPEIUS FESTUS, *De uerborum significatu quae supersunt cum Pauli Epitome*, edidit W.M. LINDSAY, Leipzig, 1913 (réimpr. Hildesheim, 1965), 574 pp. (Bibliotheca Teubneriana).

SILIUS ITALICUS, *La guerre punique. Tome IV. Livres XIV-XVII*, Texte établi et traduit par M. MARTIN (Livres XIV-XV) et G. DEVALLET (Livres XVI-XVII), Paris, 1992, 223 pp. en partie doubles (Collection des Universités de France).

SOLINUS (CAIUS IULIUS), *Collectanea rerum memorabilium*, iterum recensuit TH. MOMMSEN, Leipzig, 1895 (réimpr. Berlin, 1958), 276 pp.

STEPHAN VON BYZANZ, *Ethnica (epitome)*, edidit A. MEINEKE, Berlin, 1849 (réimpr. Graz, 1948), 713 pp. (Akademische Druck- und Verlagsanstalt).

STRABON, *Géographie. Tome III. Livres V et VI*, Texte établi et traduit par FR. LASSERRE, Paris, 1967, 275 pp. en partie doubles (Collection des Universités de France).

Bibliographie

SUÉTONE, *Vies des douze Césars. Tome I. César-Auguste*, Texte établi et traduit par H. AIL-LOUD, Paris, 1984, 159 pp. en partie doubles (Collection des Universités de France).

TACITE, *Annales. Livres IV-XII*, Texte établi et traduit par H. GOELZER, Paris, 1938, 352 pp. en partie doubles (Collection des Universités de France).

THUCYDIDE, *La guerre du Péloponnèse. Livres VI et VII*, Texte établi et traduit par L. BODIN et J. DE ROMILLY, Paris, 1955, 175 pp. en partie doubles (Collection des Universités de France).

TITE-LIVE, *Histoire romaine. Tome I. Livre I*, Texte établi par J. BAYET et traduit par G. BAILLET, Paris, 1971, 156 pp. en partie doubles (Collection des Universités de France).

VARRO, *On the Latin Language. I. Books V-VII*, with an english translation by R.G. KENT, Londres-Cambridge, 1951, 367 pp. (Loeb).

VIBIUS SEQUESTER, edidit R. GELSOMINO, Leipzig, 1967, 97 pp. (Bibliotheca Teubneriana).

VIRGILE, *Énéide. Tome I. Livres I-IV²; Tome II. Livres V-VIII; Tome III. Livres IX-XII*, Texte établi et traduit par J. PERRET, Paris, 1981, 1978 et 1980, respectivement 193, 220 et 293 pp. en partie doubles (Collection des Universités de France).

B. Recueils de fragments

CATO (M. PORCIUS), *Das erste Buch der Origines. Ausgabe und Erklärung der Fragmente*, par W.A. SCHRÖDER, Meisenheim, 1971, 216 pp. (Beiträge zur klassischen Philologie, 41).

CATON, *Les origines (fragments)*, Texte établi, traduit et commenté par M. CHASSIGNET, Paris, 1986, 123 pp. en partie doubles (Collection des Universités de France).

FGrH = *Die Fragmente der Griechischen Historiker*, edidit F. JACOBY, Berlin-Leyde, 1926-1953.

FHG = *Fragmenta Historicorum Graecorum*, édités par C. MÜLLER, 5 vol., Paris, 1878-1885.

FPL = *Fragmenta poetarum latinorum²*, edidit W. MOREL, Leipzig, 1963, 190 pp. (Bibliotheca Teubneriana).

HRR = *Historicorum Romanorum Reliquiae²*, edidit H. PETER, 2 vol., 1906-1914. (Sammlung Wissenschaftlicher Commentare).

Poetae Latini Minores, volumen I, recensuit et amendauit Æ. BAEHRENS, Leipzig, 1879, 308 pp. (Bibliotheca Teubneriana).

Bibliographie

SOTION, herausgegeben von FR. WEHRLI, Bâle-Stuttgart, 1978, 71 pp. (Die Schule des Aristoteles. Texte und Kommentar. Supplementband, II).

TGrFr = Tragicorum Graecorum Fragmenta, recensuit A. NAUCK, supplementum continens noua fragmenta Euripidea et Adespota apud scriptores ueteres reperta adiecit B. SNELL, Hildesheim, 1954, 1022 et 44 pp.

THEOPHRASTOS, Περὶ εὐσεβείας, griechischer Text herausgegeben, übersetzt und eingeleitet von W. PÖTSCHER, Leyden, 1964, 189 pp. (Philosophia Antica. A Series of Monographs on Ancient Philosophy, 11).

AUTEURS MODERNES

ADAMESTEANU (D.), *Aspetti*, 1976 = *Nuovi aspetti dei rapporti tra Greci e indigeni in Magna Grecia*, dans *Assimilation*, 1976, pp. 53-61.

ID., *Ellenizzazione*, 1962 = *L'ellenizzazione della Sicilia ed il momento di Ducezio*, dans *Kokalos*, t. 8, 1962, pp. 167-198.

Aiôn, 1976 = *Aiôn. Le temps chez les Romains*, publié par R. CHEVALLIER, Paris, 1976, 370 pp. (Caesarodunum, Xbis).

ALBERT (M.), *Dioscuri*, 1892 = *Dioscuri*, dans *DA*, II,1, 1892, pp. 249-265.

ALESSIO (G.), *Fortune*, 1964-1965 = *Fortune della grecità linguistica in Sicilia*, dans *Kokalos*, t. 10-11, 1964-1965, pp. 301-312.

ALFÖLDI (A.), *Struttura*, 1972 = *La struttura politica di Roma nei suoi primordi*, dans *RAL*, 8ᵉ série, vol. 27, 1972, pp. 307-333.

ID., *Struktur*, 1974 = *Die Struktur des voretruskischen Römerstaates*, Heidelberg, 1974, 226 pp. (Bibliothek der klassischen Altertumswissenschaft, Neue Folge, 1. Reihe, Band 5).

Alle origini di Roma, 1988 = *Alle origini di Roma. Atti del Colloquio tenuto a Pisa il 18 e 19 settembre 1987*. A cura di E. CAMPANILE, Pise, 1988, 100 pp. (Testi linguistici, 12).

ALTHEIM (FR.), *Geschichte*, 1951 = *Geschichte der lateinischen Sprache von den Anfängen bis zum Beginn der Literatur*, Francfort, 1951, 513 pp.

ID., *Italien*, 1941 = *Italien und Rom. T. I : Die Grundlagen*, Amsterdam-Leipzig, 1941, 262 pp.

ANDRÉ (J.), *Ovide*, 1977 = *OVIDE, Pontiques*, Texte établi et traduit par J. ANDRÉ, Paris, 1977, 191 pp. en partie doubles (Collection des Universités de France).

ANRW = Aufstieg und Niedergang der römischen Welt, hrsg. von H. TEMPORINI, Berlin-New York, depuis 1972.

Bibliographie

Assimilation, 1976 = *Assimilation et résistance à la culture gréco-romaine dans le monde ancien.* Travaux du VIe Congrès International d'Études Classiques réunis et présentés par D.M. PIPPIDI, Bucarest-Paris, 1976, 551 pp. (Fédération Internationale des Associations d'Études Classiques).

AUBRIOT-SEVIN (D.), *Prière*, 1992 = *Prière et conceptions religieuses en Grèce ancienne jusqu'à la fin du Ve siècle avant J.-C.*, Lyon, 1992, 604 pp. (Collection de la Maison de l'Orient méditerranéen, 22. Série littéraire et philosophique, 5).

BASTO (R.G.), *RFL*, 1980 = *The Roman Foundation Legend and the Fragments of the Greek Historians : An Inquiry into the Development of the Legend*, Cornell University, 1980, 223 pp. (University Microfilms).

BATTISTI (C.), *Sostrati*, 1959 = *Sostrati e parastrati nell'Italia preistorica*, Florence, 1959, 459 pp.

BAYET (J.), *Religion*, 1969 = *La religion romaine. Histoire politique et psychologique*², Paris, 1969, cité dans l'éd. 1976, 343 pp. (Petite Bibliothèque Payot, 281).

BELLESSORT (A.), *Virgile VII-XII*, 1967 = VIRGILE, *Énéide. Livres VII-XII*, Texte établi par R. DURAND et traduit A. BELLESSORT, Paris, 1967, 256 pp. en partie doubles (Collection des Universités de France).

BELLO (L.), *Ricerche*, 1960 = *Ricerche sui Palici*, dans *Kokalos*, t. 6, 1960, pp. 71-97.

BENVENISTE (É.) *Noms d'agent*, 1948 = *Noms d'agent et noms d'action en indo-européen*, Paris, 1948, 174 pp. (Publications du Centre national de la Recherche scientifique).

BÉRARD (CL.), *Anodoi*, 1974 = *Anodoi. Essai sur l'imagerie des passages chtoniens*, Neuchâtel, 1974, 181 pp. + 20 pl. (Bibliotheca Helvetica Romana, 13).

BÉRARD (J.), *Colonisation*, 1941 = *La colonisation grecque de l'Italie méridionale et de la Sicile dans l'antiquité : l'histoire et la légende*, Paris, 1941, 562 pp.

BERGER (S.), *Revolution*, 1992 = *Revolution and Society in Greek Sicily and Southern Italy*, Stuttgart, 1992, 128 pp. (Historia Einzelschriften, 71).

BERNABÒ BREA (L.), *Civiltà*, 1960 = *Necropoli a incinerazione della Sicilia protostorica*, dans *Civiltà del ferro*, a cura della Deputazione di storia patria per il Provincie di Romagna, Bologne, 1960, pp. 147-164 (Documenti e studi).

ID., *Sicily*, 1966 = *Sicily before the Greeks*², Londres, 1966, 255 pp. (Ancient Peuples and Places).

BERVE (H.), *Tyrannis*, 1967 = *Die Tyrannis bei den Griechen*, en 2 vol. (*1. Darstellung; 2. Anmerkungen*), Munich, 1967, 796 pp.

BETHE (E.), *Dioskuren*, 1903 = *Dioskuren*, dans *RE*, 1903, IX, col. 1087-1123.

BIFFI (N.), *Italia*, 1988 = *L'Italia di Strabone. Testo, traduzione e commento dei libri V e VI della «Geografia»*, a cura di N. BIFFI, Gênes, 1988, 383 pp. (Pubbl. del. D.AR.FI.CL.ET., 117).

BINDER (G.), *Aussetzung*, 1964 = *Die Aussetzung des Königskindes Kyros und Romulus*, Meisenheim, 1964, 262 pp. (Beiträge zur klassischen Philologie, 38).

BLOCH (L.), *Palikoi*, 1897-1902 = *Palikoi* (Παλικοί), dans *RLM*, III, 1, 1897-1902, col. 1281-1295.

Bibliographie

BODÉÜS (R.), *Spéculations*, 1983 = *Par delà les spéculations sur la déesse Vesta*, dans *LEC*, t. 51, 1983, pp. 233-239.

BOËLS-JANSSEN (N.), *Matrones*, 1993 = *La vie religieuse des matrones romaines dans la Rome archaïque*, École française de Rome, 1993, 512 pp. (Collection de l'École française de Rome, 176).

BOULOGNE (J.), *Plutarque*, 1994 = *Plutarque. Un aristocrate grec sous l'occupation romaine*, Lille, 1994, 221 pp. (Racines et Modèles).

BRELICH (A.), *Religione*, 1964-1965 = *La religione greca in Sicilia*, dans *Kokalos*, t. 10-11, 1964-1965, pp. 35-60.

ID., *Variazioni*, 1976 = *Tre variazioni romane sul tema delle origini²*, Rome, 1976, 128 pp. (avec une nouvelle préface, un appendice et quelques notes additionnelles par rapport à l'édition de 1955).

BREMMER (J.N.), *Caeculus*, 1987 = *Caeculus and the Foundation of Praeneste*, dans *RMM*, 1987, pp. 49-59.

ID., *Romulus, Remus*, 1987 = *Romulus, Remus and the Foundation of Rome*, dans *RMM*, 1987, pp. 25-48.

BRIQUEL (D.), *Autochtonie*, 1983 = *L'autochtonie des Étrusques chez Denys d'Halicarnasse*, dans *REL*, t. 61, 1983, pp. 65-86.

ID., *Disparition*, 1977 = *Perspectives comparatives sur la tradition relative à la disparition de Romulus*, dans *Latomus*, t. 36, 1977, pp. 253-282.

ID., *Enfances*, 1983 = *Les enfances de Romulus et Rémus*, dans *Hommages à R. Schilling*, 1983, pp. 53-66.

ID., *Épopée*, 1981 = *En deçà de l'épopée, un thème légendaire indo-européen : caractère trifonctionnel et liaison avec le feu dans la geste des rois iraniens et latins*, dans *Épopée gréco-latine*, 1981, pp. 7-31.

ID., *Jumeaux*, 1976 = *Les jumeaux à la louve et les jumeaux à la chèvre, à la jument, à la chienne, à la vache*, dans *Recherches sur les religions*, 1976, pp. 73-97.

ID., *Mort*, 1986 = *La légende de la mort et de l'apothéose de Romulus*, dans *Hommages à R. Chevallier*, 1986, pp. 15-35.

ID., *Origine*, 1991 = *L'origine lydienne des Étrusques. Histoire de la doctrine dans l'Antiquité*, École française de Rome, 1991, 575 pp. (Collection de l'École française de Rome, 139).

ID., *Pélasges*, 1984 = *Les Pélasges en Italie. Recherches sur l'histoire de la légende*, École française de Rome, 1984, 657 pp. (Bibliothèque des Écoles françaises d'Athènes et de Rome, 252).

ID., *Peuple*, 1993 = *Les Tyrrhènes peuple des tours. Denys d'Halicarnasse et l'autochtonie des Étrusques*, École française de Rome, 1993, 227 pp. (Collection de l'École française de Rome, 178).

ID., *Romains*, 1994 = *Les Romains ne sont pas des autochtones. À propos de Tite-Live, I, 8, 5*, dans *Hommage à P. Jal*, 1994, pp. 67-78.

ID., *Romulus*, 1980 = *Trois études sur Romulus. I. Rémus élu et réprouvé; II. Les trois arbres de Romulus; III. Les guerres de Romulus*, dans *Recherches sur les religions*, 1980, pp. 267-346.

Bibliographie

ID., *Tarente*, 1974 = *Tarente, Locres, les Scythes, Théra, Rome : précédents antiques au thème de l'amant de Lady Chatterley?*, dans *MEFRA*, t. 86, 1974, pp. 673-705.

ID., *Témoignage*, 1990 = *Le témoignage de Claude sur Mastarna/Servius Tullius*, dans *RBPh*, t. 68, 1990, pp. 86-108.

ID., *Triple*, 1976 = *La triple fondation de Rome*, dans *RHR*, n° 189, 1976, pp. 145-176.

ID., *Virgile et les Aborigènes*, 1992 = *Virgile et les Aborigènes*, dans *REL*, t. 70, 1992, pp. 69-91.

BRULÉ (P.), *Filles*, 1987 = *La religion des filles d'Athènes à l'époque classique. Mythes, cultes et société*, Paris, 1987, 456 pp. (Centre de Recherche et d'Histoire ancienne, 76).

BURKERT (W.), *Homo Necans*, 1983 = *Homo Necans : The Anthropology of Ancient Greek Sacrificial Ritual and Myth*, Berkeley, 1983, 334 pp.

ID., *Kekropidensage*, 1966 = *Kekropidensage und Arrhephoria. Vom Initiationsritus zum Panathenäenfest*, dans *Hermes*, t. 94, 1966, pp. 1-26.

CAMASSA (G.), *Volcanus*, 1984 = *Sull'origine e le funzioni del culto di Volcanus a Roma*, dans *RSI*, t. 96, 1984, pp. 811-854.

CAMPANILE (E.), *Tradizione*, 1988 = *Tradizione storiografica Romana e ideologia indoeuropea*, dans *Alle origini di Roma*, 1988, pp. 9-16.

CAPDEVILLE (G.), *Volcanus*, 1995 = *Volcanus. Recherches comparatistes sur les origines du culte de Vulcain*, École française de Rome, 1995, 521 pp. (Bibliothèque des Écoles françaises d'Athènes et de Rome, 288).

CARLIER (J.), *Dioscures*, 1981 = *Dioscures*, dans *DMR*, 1981, pp. 307-308.

CASTELLANA (G.), *Origine*, 1981 = *Sull'origine del culto di Efesto-Vulcano nel territorio agrigentino*, dans *PP*, t. 36, 1981, pp. 234-243.

CATAUDELLA (Q.), *Tragedie*, 1964-1965 = *Tragedie di Eschilio nella Siracusa di Gerone*, dans *Kokalos*, t. 10-11, 1964-1965, pp. 371-400.

CHAMONARD (J.), *Ovide*, 1966 = OVIDE, *Les métamorphoses*, Traduction, introduction et notes par J. CHAMONARD, Paris, 1966, 504 pp. (GF, 97).

CHAMPEAUX (J.), *Fortuna*, 1982 = *Fortuna. Recherches sur le culte de la Fortune à Rome et dans le monde romain des origines à la mort de César. 1 : Fortuna dans la religion archaïque*, École française de Rome, 1982, 526 pp. (Collection de l'École française de Rome, 64).

CHAPOUTHIER (FR.), *Dioscures*, 1935 = *Les Dioscures au service d'une déesse. Étude d'une iconographie*, Paris, 1935, 382 pp. (Bibliothèque des Écoles françaises d'Athènes et de Rome, 137).

CHEVALLIER (R.), *Mythes*, 1976 = *Les mythes ou le temps de la protohistoire : l'exemple de l'Italie du Nord*, dans *Aiôn*, 1976, pp. 29-54.

CHISOLI (A.), *Diodoro*, 1993 = *Diodoro e le vicende di Ducezio*, dans *Aevum*, t. 67, 1993, pp. 21-29.

CIACERI (E.), *Culti*, 1911 = *Culti e miti nella storia dell'antica Sicilia*, Catane, 1911, 330 pp. (Biblioteca di filologia classica, 2).

Bibliographie

COARELLI (F.)-TORELLI (M.), *Sicilia*, 1984 = *Sicilia*, Rome-Bari, 1984, 439 pp. (Guide archeologiche Laterza, 13).

COCCHIARA (G.), *Paganitas*, 1964-1965 = *Paganitas. Sopravvivenze folkloriche del paganismo siciliano*, dans *Kokalos*, t. X-XI, 1964-1965, pp. 401-416.

COMBET-FARNOUX (B.), *Mercure*, 1980 = *Mercure romain. Le culte public de Mercure et la fonction mercantile à Rome de la République archaïque à l'époque augustéenne*, École française de Rome et d'Athènes, 1980, 528 pp. (Bibliothèque de l'École française de Rome et d'Athènes, 238).

CORNELL (T.J.), *Aeneas*, 1975 = *Aeneas and the Twins : the Development of the Roman Foundation Legend*, dans *PCPhS*, t. 201, 1975, pp. 1-32.

ID., *Beginnings*, 1995 = *The Beginnings of Rome. Italy and Rome from the Bronze Age to the Punic Wars (c. 1000-264 BC)*, Londres-New York, 1995, 507 pp. (Routledge History of the Ancient World).

CREUZER (G.FR.), *Symbolik III*, 1841 = *Symbolik und Mythologie der alten Völker, besonders der Griecher*, t. III, Berlin, 1841 (réimpr., Hildesheim-New York 1973) 850 pp. (Volkskundliche Quellen, Neudrucke europäischer Texte und Untersuchungen. Serie 5, Sitte und Brauch).

CROON (J.H.), *Palici*, 1952 = *The Palici. An Autochtonous Cult in Ancient Sicily*, dans *Mnemosyne*, 4ᵉ série, t. 5, 1952, pp. 116-129.

DA = *Dictionnaire des antiquités grecques et romaines d'après les textes et les monuments...*, publié sous la direction de CH. DAREMBERG et É. SAGLIO, 5 t. en 9 vol., plus un vol. de Tables, Paris, 1877-1919.

DARAKI (M.), *Dionysos*, 1985 = *Dionysos*, Paris, 1985, 284 pp.

DELCOURT (M.), *Héphaistos*, 1957 = *Héphaistos ou la légende du magicien*, Paris, 1957, 245 pp. (Bibliothèque de la Faculté de Philosophie et Lettres de l'Université de Liège. Fascicule 146).

DETIENNE (M.), *Olivier*, 1970 = *L'olivier : un mythe politico-religieux*, dans *RHR*, t. 178, 1970, pp. 5-23.

DKP = *Der Kleine Pauly. Lexikon der Antike. Auf der Grundlage von Pauly's Realencyclopädie der klassischen Altertumswissenschaft*, hrsg. von K. ZIEGLER, W. SONTHEIMER und H. GÄRTNER, Stuttgart, puis Munich, 5 vol., 1964-1975.

DMR, 1981 = *Dictionnaire des mythologies et des religions des sociétés traditionnelles et du monde antique*, sous la direction de Y. BONNEFOY, 2 vol., Paris, 1981, 618 et 585 pp.

DUBOURDIEU (A.), *Pénates*, 1989 = *Les origines et le développement du culte des Pénates à Rome*, École française de Rome, 1989, 566 pp. (Collection de l'École française de Rome, 118).

DULIÈRE (C.), *Lupa*, 1979 = *Lupa Romana. Recherches d'iconographie et essai d'interprétation. T.I : Texte; T.II : Catalogue des monuments figurés et illustrations*, Bruxelles-Rome, 1979, 328 et 106 pp. + 327 fig. (Études de Philologie, d'Archéologie et d'Histoire anciennes publiées par l'Institut Historique Belge de Rome, XVIII).

DUMÉZIL (G.), *MÉ I*, 1981 = *Mythe et épopée. I. L'idéologie des trois fonctions dans les épopées des peuples indo-européens*[4], Paris, 1981, 659 pp. (Bibliothèque des Sciences humaines).

ID., *MR*, 1983 = *Du mythe au roman. La saga de Hadingus (Saxo Grammaticus, I, V-VIII) et autres essais²*, Paris, 1983, 209 pp. (Quadrige, 41).

ID., *Roman*, 1994 = *Le roman des jumeaux et autres essais. Vingt-cinq esquisses de mythologie (76-100)* publiées par J.H. GRISWARD, Paris, 1994, 337 pp. (Bibliothèque des Sciences humaines).

ID., *RRA*, 1974 = *La religion romaine archaïque (avec un appendice sur la religion des Étrusques²*, Paris, 1974, 700 pp. (Bibliothèque historique Payot).

ID., *Servius*, 1943 = *Servius et la Fortune. Essai sur la fonction sociale de louange et de blâme et sur les éléments indo-européen du «cens» romain (Mythes romains II)*, Paris, 1943, 246 pp.

DUNBABIN (T.J.), *Western Greeks*, 1968 = *The Western Greeks. The History of Sicily and South Italy from the Foundation of the Greek Colonies to 480 B.C.*, Oxford, 1968, 504 pp.

DURY-MOYAERS (G.), *Énée*, 1981 = *Énée et Lavinium. À propos des découvertes archéologiques récentes*, Bruxelles, 1981, 252 pp. (Collection Latomus, 174).

Épopée gréco-latine, 1981 = *L'épopée gréco-latine et ses prolongements indo-européens (Colloque). Calliope II.* Édité par R. CHEVALLIER, Paris, 1981, 348 pp. (Caesarodunum, XVIbis).

FABRE (P.), *Grecs*, 1981 = *Les Grecs et la connaissance de l'Occident*, 2 vol., Lille, 1981, 362 et 280 pp.

FESTUGIÈRE (A.J.), *Religion*, 1960 = *Personal Religion among the Greeks*, Berkeley, 1960, 186 pp.

FINLEY (M.I.), *Ancient Sicily*, 1979 = *Ancient Sicily²*, 1979, Londres, 224 pp.

FLACELIÈRE (R.), *Plutarque IV*, 1966 = *PLUTARQUE, Vies. Tome IV. Timoléon-Paul Émile, Pélopidas-Marcellus*, Texte établi et traduit par R. FLACELIÈRE et É. CHAMBRY, Paris, 1966, 258 pp. en partie doubles (Collection des Universités de France).

FOWLER (M.), *Erichtonios*, 1943 = *The Myth of* Ἐριχθόνιος, dans *CPh*, t. 38, 1943, pp. 28-32.

FRÄNKEL (E.), *Vermutungen*, 1954 = *Vermutungen zum Aetna-Festspiel des Aeschylus*, dans *Eranos*, t. 52, 1954, pp. 61-75.

FRONTISI-DUCROUX (FR.), *Grecs*, 1992 = *Les Grecs, le double et les jumeaux*, dans *Topique*, n°50, 1992, pp. 238-262.

GABBA (E.), *Tradizione*, 1967 = *Considerazioni sulla tradizione letteraria sulle origini della repubblica*, dans *Origines de la République*, 1967, pp. 133-174.

GAGÉ (J.), *Enquêtes*, 1977 = *Enquêtes sur les structures sociales et religieuses de la Rome primitive*, Bruxelles, 1977, 631 pp. (Collection Latomus, 32).

ID., *Tanaquil*, 1977 = *Tanaquil et les rites étrusques de la «Fortune oiseleuse» : de l'*ἴυγξ *oiseleuse magique au fuseau de Gaia Caecilia*, dans J. GAGÉ, *Enquêtes*, 1977, pp. 15-35 (article initialement paru dans *SE*, 2ᵉ série, t. 22, 1953, pp. 79-102).

GARZYA (A.), *Problema*, 1977 = *Sul problema delle Etne(e) di Eschilo*, dans *SicGymn*, t. 30, 1977, pp. 401-412.

Genti, 1972 = *Le genti non greche della Magna Grecia. Atti de l'undicesimo congresso di Studi sulla Magna Grecia (Taranto, 10-15 ottobre 1971)*, en 2 vol., Naples, 1972, 586 pp.

GENTILI (G.V.), *Cinturone*, 1962 = *Cinturone eneo con dedica da Paliké (Tav. 1-3)*, dans *MDAI (R)*, t. 69, 1962, pp. 14-23.

GERNET (L.), *Anthropologie*, 1968 = *Anthropologie de la Grèce antique*, Paris, 1968, 455 pp. (Textes à l'appui).

GIANGIULIO (M.), *Greci*, 1983 = *Greci e non-Greci in Sicilia alla luce dei culti e della leggenda di Eracle*, dans *Modes de contacts*, 1983, pp. 785-846.

GLOTZ (G.), *Palici*, 1887 = *Palici*, dans *DA*, IV, 1, 1887, pp. 284-285.

GRANT (M.), *Roman Myths*, 1971 = *Roman Myths*, Londres, 1971, 293 pp.

GRANT (M.)-HAZEL (J.), *Who's who*, 1975 = *Le who's who de la mythologie*, Paris 1975, 455 pp.

GRASSI (E.), *Papyrologica*, 1956 = *Papyrologica*, dans *PP*, t. 48, 1956, pp. 204-209.

GRIMAL (P.), *Dictionnaire*, 1976 = *Dictionnaire de la mythologie grecque et romaine*[5], Paris, 1976, 574 pp.

ID., *Virgile*, 1985 = *Virgile ou la seconde naissance de Rome*, Paris, 1985, 256 pp. («Biographie»).

GROTTANELLI (C.), *Yoked Horses*, 1986 = *Yoked Horses, Twins ans the Powerful Lady : India, Greece, Ireland and Elsewhere*, dans *JIES*, t. 14, 1986, pp. 125-152.

GUIDO (M.), *Sicily*, 1977 = *Sicily : An Archaelogical Guide, the Prehistoric and Roman Remains and the Greek Cities*, Londres, 1977, 222 pp. (Archaelogical Guides).

HARRIS (J.R.), *Cult*, 1906 = *The Cult of the Heavenly Twins*, Cambridge, 1906, 160 pp. et 7 pl.

HEURGON (J.), *Culti*, 1972 = *I Culti Greci della Magna Grecia*, dans *Genti*, 1972, pp. 55-72.

ID., *Rome*, 1969 = *Rome et la Méditerranée occidentale jusqu'aux guerres puniques*, Paris, 1969, 411 pp (Nouvelle Clio, 7).

ID., *VQÉ*, 1961 = *La vie quotidienne chez les Étrusques*, Paris, 1961, 357 pp.

Hommages à R. Chevallier, 1986 = *La Mythologie : clef de lecture du monde classique. Hommages à R. Chevallier*, t. I, édités par P.-M. MARTIN et CH.-M. TERNES, Tours, 1986, 319 pp. (Caesarodunum, XXIbis).

Hommages à G. Dumézil, 1960 = *Hommages à Georges Dumézil*, Bruxelles, 1960, 238 pp. (Collection Latomus, 45).

Hommage à P. Jal, 1994 = *Actes du Colloque «Présence de Tite-Live» (Tours, Université, 1992). Hommage au Professeur P. Jal*, édité par R. CHEVALLIER et R. POIGNAULT, Tours, 1994, 310 pp. (Centre de Recherches A. Piganiol. Caesarodunum, XXVIIbis).

Hommages à R. Schilling, 1983 = *Hommages à Robert Schilling*, édités par H. ZEHNACKER et G. HENTZ, Paris, 1983, pp. 175-185 (Collection d'Études latines. Série scientifique, XXXVII).

Bibliographie

HOMMEL (H.), *Vesta*, 1972 = *Vesta und die frührömische Religion*, dans *ANRW*, I, 2, 1972, pp. 397-420.

HORSFALL (N.M.), *Myth*, 1985 = *Myth and Mythography*, dans *CR*, t. 29, 1985, pp. 393-410.

ID., *Myth*, 1987 = *Myth and Mythography at Rome*, dans *RMM*, 1987, pp. 1-11.

HUBSCHMID (J.), *Wortschichten*, 1950 = *Vorindogermanische und jüngere Wortschichten in den romanischen Mundarten der Ostalpen*, dans *Zeitschrift für Romanische Philologie*, t. 66, 1950, pp. 1-94.

HUMBERT (J.), *Homère. Hymnes*, 1951 = HOMÈRE, *Hymnes*, Texte établi et traduit par J. HUMBERT, Paris, 1951, 258 pp. en partie doubles (Collection des Universités de France).

HUS (A.), *Siècles*, 1976 = *Les siècles d'or de l'histoire étrusque (675-475 avant J.-C.)*, Bruxelles, 1976, 288 pp. + XLIX pl. (Collection Latomus, 146).

JOURDAIN-ANNEQUIN (C.), *Grec*, 1988-1989 = *Être un Grec en Sicile : le mythe d'Héraclès*, dans *Kokalos*, t. 34-35/1, 1988-1989, pp. 143-166.

EAD., *Héraclès*, 1989 = *Héraclès aux portes du soir. Mythe et histoire*, Paris, 1989, 729 pp. (Annales Littéraires de l'Université de Besançon, 402. Centre de Recherches d'Histoire Ancienne, 89).

EAD., *Leucaspis*, 1992 = *Leucaspis, Pediacratès, Bouphonas et les autres... Héraclès chez les Sicanes*, dans *Mélanges P. Lévêque*, t. 6, 1992, pp. 139-150.

KOSSATZ-DEISSMANN (A.), *Dramen*, 1978 = *Dramen des Aischylos auf westgriechischen Vasen*, Main am Rhein, 1978, 178 pp. + 32 tabl. (Heidelberger Akademie der Wissenschaften. Kommission für antike Mythologie. Schriften zur antiken Mythologie, IV).

KRAPPE (A.H.), *Genèse*, 1952 = *La genèse des mythes*, Paris, 1952, 359 pp. (Bibliothèque scientifique).

ID., *Mythologie*, 1930 = *Mythologie universelle*, Paris, 1930, 453 pp. (Bibliothèque scientifique, 62).

KUNTZMANN (R.), *Mythologème*, 1982 = *Le mythologème des jumeaux au Proche-Orient. Naissance, fonction et évolution d'un symbole*. Thèse présentée devant l'Université de Strasbourg II le 13 juin 1979, Atelier National de Reproduction des Thèses, Université de Lille III, 1982, 497 pp., que reproduit R. KUNTZMANN, *Le symbolisme des jumeaux au Proche-Orient ancien. Naissance, fonction et évolution d'un symbole*, Paris, 1983, 260 pp. (Beauchesne Religions, 12).

LADEWIG (TH.)-SCHAPER (C.), *Virgils Gedichte*, 1973 = *Virgils Gedichte. Dritter Band, Buch VII-XII der Aeneis*, Erklärt von TH. LADEWIG und C. SCHAPER. Bearbeitet von P. DEUTICKE, Dublin-Zurich, 1973, 308 pp.

LASSERRE (FR.), *Strabon III*, 1967 = STRABON, *Géographie. Tome III. Livres V et VI*, Texte établi et traduit par FR. LASSERRE, Paris, 1972, 275 pp. en partie doubles (Collection des Universités de France).

Bibliographie

LAURENS (A.-FR.), *Hébé*, 1992 = *Hébé en Apulie*, dans *Mélanges P. Lévêque*, t. 6, 1992, pp. 151-170.

LÉVÊQUE (P.), *Colonisation*, 1973 = *Colonisation grecque et syncrétisme*, dans *Les syncrétismes dans les religions grecque et romaine*, Colloque de Strasbourg (1971), Paris, 1973, pp. 43-66.

ID., *Partons*, 1966 = *Partons pour la Sicile*, Paris, 1966, 312 pp. (Collection «Nous partons pour...»).

LÉVÊQUE (P.)-SÉCHAN (L.), *Grandes divinités*, 1990 = *Les grandes divinités de la Grèce²*, Paris, 1990, 443 pp. (L'Ancien et le Nouveau).

LÉVI-STRAUSS (CL.), *Lynx*, 1991 = *Histoire de Lynx*, Paris, 1991, 364 pp.

LÉVY (I.), *Dieux siciliens*, 1899 = *Dieux siciliens*, dans *Rev. Arch.*, 3ᵉ série, t. 34, 1899, pp. 256-281.

LORAUX (N.), *Enfants*, 1990 = *Les enfants d'Athéna. Idées athéniennes sur la citoyenneté et la division des sexes*, Édition augmentée d'une postface, Paris, 1990, 305 pp. (Points Sciences humaines, 214).

MANNI (E.), *Divagazioni*, 1983 = *Divagazioni sul culto dei Palici*, dans *Hommages à R. Schilling*, 1983, pp. 175-185.

ID., *Geografia*, 1981 = *Geografia fisica e politica della Sicilia antica (= TSA, I, 1)*, Rome, 1981, 330 pp. (Kokalos. Supplementi. Testimonia Siciliae antica, 1,1).

ID., *«Indigeni»*, 1976 = *«Indigeni» e colonizzatori nella Sicilia preromana*, dans *Assimilation*, 1976, pp. 181-211.

ID., *Ippi*, 1989 = *Ippi di Regio, un «logografo» da ricostruire*, dans *Mélanges P. Lévêque*, t. 2, 1989, pp. 331-335.

ID., *Italia*, 1972 = *L'Italia meridionale fino alla fine del V sec. a.C.*, dans *Genti*, 1972, pp. 9-36.

ID., *Minosse*, 1962 = *Minosse ed Eracle nella Sicilia all'età del bronzo*, dans *Kokalos*, t. 8, 1962, pp. 6-29.

ID., *Sémites*, 1974 = *Sémites et Grecs en Sicile jusqu'au Vᵉ siècle avant J.-C.*, dans *BAGB*, t. 21, 1974, pp. 63-84.

ID., *Sicelo*, 1957 = *Sicelo e l'origine dei Siculi*, dans *Kokalos*, t. 3, 1957, pp. 156-164.

ID., *Sicile*, 1969 = *La Sicile à la veille de la colonisation grecque*, dans *REA*, t. 71, 1969, pp. 6-22.

ID., *Sicilia*, 1984-1985 = *La Sicilia e il mondo greco arcaico fino alla fine del VI secolo a.C. L'apporto dell' iconologia*, dans *Kokalos*, t. 30-31, 1984-1985, pp. 165-191.

ID., *Sicilia pagana*, 1963 = *Sicilia pagana*, Palerme, 1963, 264 pp.

MANSON (M.), *Ascagne*, 1981 = *Un personnage d'enfant dans l'épopée antique : Ascagne*, dans *Épopée gréco-latine*, 1981, pp. 53-70.

MARCONI BOVIO (J.), *Diffusione*, 1963 = *Sulla diffusione del bicchiere campaniforme in Sicilia*, dans *Kokalos*, t. 9, 1963, pp. 93-128.

Bibliographie

MARTIN (M.), *Silius Italicus IV*, 1992 = SILIUS ITALICUS, *La guerre punique. Tome IV. Livres XIV-XVII*, Texte établi et traduit par M. MARTIN (Livres XIV-XV) et G. DEVALLET (Livres XVI-XVII), Paris, 1992, 223 pp. en partie doubles (Collection des Universités de France).

MARTIN (P.-M.), *Royauté I*, 1982 = *L'idée de royauté à Rome. I. De la Rome royale au consensus républicain*, Clermont-Ferrand, 1982, 410 pp. (Miroir des Civilisations antiques, 1).

ID., *Royauté II*, 1994 = *L'idée de royauté à Rome. II. Haine de la royauté et séductions monarchiques (du IVe siècle av. J.-C. au principat augustéen)*, Clermont-Ferrand, 1994, 511 pp. (Miroir des Civilisations antiques, 2).

MASQUELIER (N.), *Pénates*, 1966 = *Pénates et Dioscures*, dans *Latomus*, t. 25, 1966, pp. 88-98.

MASTROCINQUE (A.), *Romolo*, 1993 = *Romolo (la fondazione di Roma tra storia e leggenda)*, Este, 1993, 206 pp. (Università di Trento. Dipartimento di Scienze Filologiche e Storiche. Pubblicazioni di Storia Antica, 4).

MAZZARINO (S.), *Leggende*, 1960 = *Antiche leggende sulle origini di Roma*, dans *StudRom.*, t. 8, 1960, pp. 385-392.

ID., *Pensiero*, 1966 = *Il pensiero storico classico*, 2 t. en 3 vol., Bari, 1966.

MEISTER (KL.), *Palike*, 1972 = *Palike* (Παλική), dans *DKP*, IV, 1972, col. 425.

ID., *Palikoi*, 1972 = *Palikoi* (Παλικοί), dans *DKP*, IV, 1972, col. 425-426.

ID., *Sizilien*, 1969 = *Das griechische Sizilien. Antike Berichte für den Reisenden von heute*, Zurich, 1969, 95 pp. (Lebendige Antike).

Mélanges P. Lévêque, 1988-1994 = *Mélanges Pierre Lévêque. 1 : Religion; 2-3 : Anthropologie et Société; 4 : Religion; 5 : Anthropologie et Société; 6 : Religion; 7 : Anthropologie et Société; 8 : Religion, Anthropologie et Société*, édités par M.-M. MACTOUX et É. GÉNY, Paris, 1988-1994, respectivement 330, 447, 470, 440, 446, 292, 355 et 408 pp. (Centre de Recherches d'Histoire Ancienne, vol. 79, 82, 91, 96, 101, 113, 121, 124).

MESLIN (M.), *Homme*, 1985 = *L'homme romain. Des origines au Ier siècle de notre ère*, Bruxelles, 1985, 296 pp. (Historiques, 32).

MEURANT (A.), *Idée de gémellité*, 1996 = *L'idée de gémellité au regard des figures légendaires de l'Italie primitive. Une esquisse de typologie axée sur les origines de Rome*, Diss. Louvain-la-Neuve, 706 pp. (exemplaire polycopié).

Modes de contacts, 1983 = *Modes de contacts et processus de transformation dans les sociétés anciennes*. Actes du colloque de Cortone (24-30 mai 1981) organisé par la Scuola normale superiore et l'École française de Rome avec la collaboration du Centre de recherches d'histoire ancienne de l'Université de Besançon, Pise-Rome, 1983, 1123 pp. (Collection de l'École française de Rome, 67).

MOMIGLIANO (A.), *Figure*, 1969 = *Tre figure mitiche : Tanaquilla, Gaia Cecilia, Acca Larenzia*, dans *Quarto contributo*, 1969, pp. 455-485.

ID., *Origins*, 1984 = *The Origins of Rome*, dans *Settimo contributo*, 1984, pp. 379-436.

ID., *Quarto contributo*, 1969 = *Quarto contributo alla storia degli studi classici e del mondo antico*, Rome, 1969, 741 pp. (Storia e letteratura. Raccolta di studi e testi, 115).

Bibliographie

ID., *Settimo contributo*, 1984 = *Settimo contributo alla storia degli studi classici e del mondo antico*, Rome, 1984, 544 pp. (Storia e letteratura. Raccolta di studi e testi, 161).

NICOLET (CL.), *Rome*, 1979 = *Rome et la conquête du monde méditerranéen (264-27 avant J.-C.). 1. Les structures de l'Italie romaine*, Paris, 1979, 460 pp. (L'histoire et ses problèmes. Nouvelle Clio, 8).

NICOSIA (S.), *Civiltà*, 1984-1985 = *La civiltà letteria della Sicilia antica*, dans *Kokalos*, t. 30-31, 1984-1985, pp. 319-415.

O'BRIEN (S.), *Dioscuric Elements*, 1982 = *Dioscuric Elements in Celtic and Germanic Mythology*, dans *JIES*, t. 10, 1982, pp. 117-136.

OCD, 1970 = *The Oxford Classical Dictionary*, edited by N.G.L. HAMMOND et H.H. SCULLARD, Oxford, 1970, 1176 pp.

OLDFATHER (C.H.), *Diodorus IV*, 1954 = DIODORUS OF SICILY, *IV. Books IX-XII, 40*, with an english translation by C.H. OLDFATHER, Londres-Cambridge, 1946, 468 pp. (Loeb).

Origines de la République, 1967 = *Les origines de la Réblique romaine*, Vandœuvres-Genève, 1967, 389 pp. (Fondation Hardt pour l'étude de l'Antiquité classique. Entretiens. Tome XIII).

PACE (B.), *Arte III*, 1946 = *Arte e Civiltà della Sicilia antica. T.III : Cultura e vita religiosa*, Gênes et Rome, 1946, 732 pp.

PAIS (E.), *Sicilia I*, 1933 = *Storia dell'Italia antica e della Sicilia per l'età anteriore al dominio romano I²*, Turin, 1933, 442 pp.

PANCUCCI (D.), *Siculi*, 1973 = *Siculi e Greci nell'entroterra di Gela. Monte Bubbonia*, dans *Magna Grecia*, 8ᵉ année, n° 11-12 (novembre-décembre 1973), pp. 8-9.

PARETI (L.), *Storia I* et *Storia III* , 1952 = *Storia di Roma e del mondo romano. I : L'Italia e Roma avanti il conflitto con Taranto (1000 c.-281 av.Cr.)* et *III : Dai prodromi della III guerra di Macedonia al «primo triumvirato» (170-59 av. Cr.)*, Turin, 1952, respectivement 784 et 994 pp.

PARLANGÈLI (O.), *Sostrato*, 1964-1965 = *Il sostrato linguistico in Sicilia*, dans *Kokalos*, t. 10-11, 1964-1965, pp. 211-258.

PARMENTIER (L.), *Euripide III*, 1950 = EURIPIDE, *Tome III. Héraclès, Les suppliantes, Ion*, Texte établi et traduit par L. PARMENTIER et H. GRÉGOIRE, Paris, 1950, 247 pp. en partie doubles (Collection des Universités de France).

PEARSON (L.), *Greek Historians*, 1987 = *The Greek Historians of the West. Timaeus and his Predecessors*, Atlanta, 1987, 305 pp.

ID., *Myth*, 1975 = *Myth and «Archaeologia» in Italy and Sicily. Timaeus and his Predecessors*, dans *YCls*, t. 24, 1975, pp. 171-195.

PELAGATTI (P.), *Palikè*, 1966 = *Palikè (Mineo — Catania). Santuario dei Palici*, dans *BA*, t. 51, 1966 (Série V), pp. 106-107.

PERRET (J.), *Virgile III*, 1980 = VIRGILE, *Énéide. Tome III. Livres IX-XII*, Texte établi et traduit par J. PERRET, Paris, 1980, 293 pp. en partie doubles (Collection des Universités de France).

PISANI (V.), *Sostrati*, 1954 = *Sostrati anarii e indoeuropeo occidentale. A proposito degli studi sardi di J. Hubschmid*, dans *Paideia*, t. 9, 1954, pp. 1-17.

PODBLIESKI (H.), *Chaos*, 1986 = *Le chaos et les confins de l'univers dans la «Théogonie» d'Hésiode*, dans *LEC*, t. 54, 1986, pp. 253-263.

POUCET (J.), *Origines*, 1985 = *Les origines de Rome. Tradition et histoire*, Bruxelles, 1985, 360 pp. (Publication des Facultés universitaires Saint-Louis, 38).

PRINCE-FALMAGNE (TH.), *Jumeaux fondateurs*, 1974 = *Les jumeaux fondateurs de Rome. Essai d'interprétation topographique*, dans *CEA*, t. 3, 1974, pp. 17-22.

PROSDOCIMI (A.L.), *Religioni*, 1971 = *Le religioni dell'Italia antica*, dans *Storia delle religioni*, 1971, pp. 673-724.

PUGLIESE CARRATELLI (G.), *Culti*, 1965 = *Culti e dottrine religiose in Magna Grecia*, dans *PP*, t. 20, 1965, pp. 5-27. Repris dans *Scritti sul mondo antico. Europa e Asia. Espansione coloniale. Ideologie e istituzioni politiche e religiose*, Naples, 1976, pp. 519-546.

ID., *Santuari*, 1962 = *Santuari extramurani in Magna Grecia*, dans *PP*, t. 17, 1962, pp. 241-246. Repris dans *Scritti sul mondo antico. Europa e Asia. Espansione coloniale. Ideologie e istituzioni politiche e religiose*, Naples, 1976, pp. 218-224.

PUHVEL (J.), *Remus et Frater*, 1975-1976 = *Remus et Frater*, dans *HR*, t. 15, 1975-1976, pp. 146-157.

RADKE (G.), *Götter*, 1965 = *Die Götter Altitaliens*, Münster, 1965, 350 pp. (Fontes et Commentationes, 3).

ID., *Points de vue*, 1991 = *Nouveaux points de vue sur la mentalité religieuse des Romains*, dans *Kernos*, t. 4, 1991, pp. 31-46.

RAT (M.), *Virgile*, 1965 = VIRGILE, *L'Énéide*, Traduction, chronologie, introduction et notes par M. RAT, Paris, 1965, 442 pp. (GF, 51).

RE = *Paulys Realencyclopädie der klassischen Altertumswissenschaft*, neue Bearbeitung, ed. W. KROLL, G. WISSOWA, K. MITTELHAUS, Stuttgart, Munich, depuis 1893, 34 t. en 68 vol., + 15 vol. de suppléments.

Recherches sur les religions, 1976 = *Recherches sur les religions de l'Italie antique*, par R. BLOCH, Genève, 1976, 139 pp. (Centre de recherches d'histoire et de philologie de la IVe section de l'École pratique des Hautes Études. III. Hautes études du monde gréco-romain, 7).

Recherches sur les religions, 1980 = *Recherches sur les religions de l'antiquité classique*, par R. BLOCH, Genève-Paris, 1980, 425 pp. (Centre de recherches d'histoire et de philologie de la IVe section de l'École pratique des Hautes Études. III. Hautes études du monde gréco-romain, 10).

REINACH (S.), *Dioscuri*, 1892 = *Dioscuri*, dans *DA*, II, 1, 1892, pp. 249-259.

RIDLEY (R.T.), *Enigma*, 1975 = *The Enigma of Servius Tullius*, dans *Klio*, t. 57, 1975, pp. 147-177.

RIZZO (F.P.), *Repubblica*, 1970 = *La Repubblica di Siracusa nel momento di Ducezio*, Palerme, 1970, 184 pp.

Bibliographie

RML = ROSCHER (W.H.), *Ausführliches Lexikon der griechischen und römischen Mythologie*, continué et terminé par K. ZIEGLER, Berlin, 1884-1937 (réimpr., Hildesheim, 1965), 6 tomes en 9 volumes et un tome septième de *Supplementband*.

RMM, 1987 = BREMMER (J.N.)-HORSFALL (N.M.), *Roman Myth and Mythography*, Londres, 1987, 120 pp. (University of London. Institute of Classical Studies. Bulletin Supplement, 52).

ROSE (H.J.), *Palici*, 1970 = *Palici*, dans *OCD*, 1970, p. 771.

RUDHARDT (J.), *Maternité*, 1990 = *De la maternité chez les déesses grecques*, dans *RHR*, t. 207, 1990, pp. 367-388.

ID., *Notions*, 1958 = *Notions fondamentales de la pensée religieuse et actes constitutifs du culte dans la Grèce classique : étude préliminaire pour aider à la compréhension de la piété athénienne au IVe siècle*, Genève, 1958, 344 pp.

SCHILLING (R.), *«Castores»*, 1979 = *Les «Castores» romains à la lumière des traditions indo-européenne*, dans R. SCHILLING, *Rites*, Paris, 1979, pp. 338-353 (article initialement paru dans *Hommages à G. Dumézil*, 1960, pp. 177-192).

ID., *Place*, 1964-1965 = *La place de la Sicile dans la religion romaine*, dans *Kokalos*, t. 10-11, 1964-1965, pp. 259-286. Repris dans R. SCHILLING, *Rites*, Paris, 1979, pp. 121-148.

ID., *Rites*, 1979 = *Rites, cultes et dieux de Rome*, Paris, 1979, 450 pp. (Études et Commentaires, 92).

ID., *Romulus l'élu*, 1960 = *Romulus l'élu et Rémus le réprouvé*, dans *REL*, t. 38, 1960, pp. 182-199. Repris dans R. SCHILLING, *Rites*, Paris, 1979, pp. 103-120.

SCHMIDT (J.), *Dictionnaire*, 1978 = *Dictionnaire de la mythologie grecque et romaine*, Paris, 1978, 320 pp. (Dictionnaires de l'homme du XXe siècle, D 5).

SCHMOLL (U.), *Sprachen*, 1958 = *Die vorgriechischen Sprachen Siziliens*, Wiesbaden, 1958, 127 pp.

SCHWARTZ (J.), *Pompeius Macer*, 1951 = *Pompeius Macer et la jeunesse d'Ovide*, dans *RPh*, t. 25, 1952, pp. 182-194.

SERGENT (B.), *Quelques jumeaux*, 1992 = *De quelques jumeaux indo-européens*, dans *Topique* n°50, 1992, pp. 205-238.

SHAPIRO (M.), *Neglected Evidence*, 1982 = *Neglected Evidence of Dioscurism (Divine Twinning) in the Old Slavic Pantheon*, dans *JIES*, t. 10, 1982, pp. 137-135.

SJÖQVIST (E.), *Heracles*, 1962 = *Heracles in Sicily*, dans *ORom*, t. XV, 1962, pp. 117-123.

ID., *Sicily*, 1973 = *Sicily and the Greeks. Studies in the Interrelationship between the Indigenous Populations and the Greek Colonists*, Ann Arbor, 1973, 90 pp. (Jerome Lectures, 9e series).

Storia delle religioni, 1970-1971 = *Storia delle religioni^6*, fondée par P. TACCHI VENTURI et dirigée par G. CASTELLANI, en 5 vol., 1970-1971.

STRASBURGER (H.), *Sage*, 1968 = *Zur Sage der Gründung Roms*, Heidelberg, 1968, 43 pp. (Sitzungsberichte der Heidelberger Akademie der Wissenschaften. Philosophisch-historische Klasse. Abhandlungen).

Bibliographie

THOMSEN (R.), *King*, 1980 = *King Servius Tullius. A Historical Synthesis*, Gyldendal, 1980, 347 pp. (Humanitas, V).

TREU (M.), *Mythologie*, 1968-1969 = *Sizilische Mythologie bei Simonides (P. Ox. 2687)*, dans *Kokalos*, t. 14-15, 1968-1969, pp. 428-438.

VALLET (G.), *Colonisation*, 1962 = *La colonisation chalcidienne et l'hellénisation de la Sicile orientale*, dans *Kokalos*, t. 8, 1962, pp. 30-51. Repris dans G. VALLET, *Le monde grec occidental d'Italie du Sud et de Sicile*, École française de Rome, 1996, pp. 87-105 (Collection de l'École française de Rome, 218).

VERNANT (J.-P.), *Cosmogonies*, 1990 = *Cosmogonies et mythes de souveraineté*, Paris, 1990, dans J.-P. VERNANT et P. VIDAL-NAQUET, *Grèce ancienne 1*, 1990, pp. 111-138.

ID., *Formation*, 1990 = *La formation de la pensée positive dans la Grèce archaïque*, dans J.-P. VERNANT et P. VIDAL-NAQUET, *Grèce ancienne 1*, 1990, pp. 196-228.

ID., *Mythe et pensée I*, 1965 = *Mythe et pensée chez les Grecs*, t. I, Paris, 1965, cité dans l'éd. 1982, 229 pp. (Petite collection Maspero, 86).

VERNANT (J.-P.)-VIDAL-NAQUET (P.), *Grèce ancienne 1*, 1990 = *La Grèce ancienne. 1. Du mythe à la raison*, Paris, 1990, 256 pp. (Points. Sciences humaines, 215).

VERZÁR (M.), *Pyrgi*, 1980 = *Pyrgi e l'Afrodite di Cipro. Considerazioni sul programma decorativo del tempi B.*, dans *MEFRA*, t. 92, 1980, pp. 35-84 + II pl.

VEYNE (P.), *Grecs*, 1983 = *Les Grecs ont-ils cru à leurs mythes? Essai sur l'imagination constituante*, Paris, 1983, 164 pp. (Des Travaux).

WAGENVOORT (H.G.), *Dea*, 1960 = *De dea Cerere deque eius mysteriis Romanis*, dans *Mnemosyne*, t. 13, 1960, pp. 111-142.

WALBANK (F.W.), *Historians*, 1968-1969 = *The Historians of Greek Sicily*, dans *Kokalos*, t. 14-15, 1968-1969, pp. 476-498.

WALTON (F.R.)-GEER (R.M.), *Diodorus XII*, 1967 = DIODORUS OF SICILY, *XII. Fragments of books XXXIII-XL*, with an english translation by F.R. WALTON, with a general index to Diodorus by R.M. GEER, Londres-Cambridge, 1967, 678 pp. (Loeb).

WARD (D.), *Divine Twins*, 1968 = *The Divine Twins. An Indo-European Myth in Germanic Tradition*, Berkeley, 1968, 137 pp. (Folklore studies, 19).

WIDENGREN (G.), *Religions*, 1968 = *Les religions de l'Iran*, Paris, 1968, 424 pp. (Bibliothèque historique des religions de l'humanité).

WISEMAN (T.P.), *Historiography*, 1994 = *Historiography and Imagination. Eight Essays on Roman Culture*, Exeter, 1994, 167 pp. (Exeter Studies in History, 33).

ID., *Roman Legend*, 1989 = *Roman Legend and Oral Tradition*, dans *JRS*, t. 79, 1989, pp. 129-137. Repris dans T.P. WISEMAN, *Historiography*, 1984, pp. 23-36.

WISSOWA (G.), *RUK*, 1912 = *Religion und Kultus der Römer²*, Munich, 1912, 412 pp. (Handbuch der klassischen Altertumswissenschaft. Vierte Abteilung. Band 5. (Reprographie datée de 1971).

WOODHEAD (A.G.), *Greeks*, 1966 = *The Greeks in the West²*, Londres, 1966, 243 pp. (Ancient Peoples and Places).

Bibliographie

YORK (M.), *Romulus*, 1988 = *Romulus and Remus, Mars and Quirinus*, dans *JIES*, t. 16, 1988, pp. 153-172.

ZIEGLER (K.), *Palikoi*, 1949 = *Palikoi* (Παλικοί), dans *RE*, XVIII, 3, 1949, col. 100-123.

ID., Σικελία, 1923 = Σικελία-*Sicilia*, dans *RE*, 2. Reihe, IV, 1923, col. 2461-2522.

INDICES

Les *indices* ici ouverts comprennent trois sections:

I. Index geographicus
II. Index nominum antiquorum
III. Index gemellorum

Dans la deuxième section, on ne trouvera que les auteurs anciens cités au fil de l'exposé (dans les textes comme dans les notes). Convenons encore que les parenthèses renvoient aux notes infrapaginales. Celles-ci seront en italique quand elles comprennent des éléments extérieurs à la page en cours.

I. — Index geographicus

Acropole (l'): 86.
Adrano: 22 *(41)*.
Afrique: 25 *(54)*.
Agrigente: 14 *(11)*; 22 *(41)*; 28 *(70)*.
Agyrion: 26 *(61)*.
Albe(-la-Longue): 59; 60 *(199)*.
Arcadie: 57 *(185)*.
Arménie: 10 *(2)*.
Asie Mineure: 16 *(23)*; 24 *(51)*.
Athènes: 87.

Calatta: 19 *(33)*.
Caltagirone: 14 *(7)*.
Catane: 14 *(7)*; 27.
Carie: 57 *(185)*.
Caucase: 10 *(2)*.
Cefalu: 28 *(70)*.
Corinthe: 28 *(70)*.
Cyané: 31.
Cyané (lac): 24 *(51)*.

Épidaure Limarès: 24 *(51)*.

Érykè ('Ερύκη): 14 (9); 36-38 (112-113), *(114)*; 41.
Éryx: 40 *(129)*.
Etna: 14 *(11)*; 19 *(34)*; 24 *(51)*; 29; 42 *(135)*; 61.

Fiume di Caltagirone: 36 *(106)*.

Gaule méridionale: 16 *(23)*.
Géla: 14 *(11)*; 30 *(85)*; 37; 40 (129).
Germanie: 10 *(2)*.
Grande Grèce (la): 56 *(180)*.
Grèce: 10 *(2)*; 57 *(185)*; 59 *(195)*; 70 *(236)*; 73; 75 *(252)*; 81-82.
Grèce métropolitaine: 57 *(185)*; 59.

Henna (plateau d'): 57 *(185)*.

Ibérie: 71 *(238)*.
Illyrie: 16 *(23)*.
Inde: 70 *(237)*.
Iran: 70 *(237)*.

II. — Index nominum antiquorum

III. — Index gemellorum

Aloades (les): 83 *(277)*.
Apollon: 83 *(278)*.
Aśvin *(cf.* aussi Nāsatya): 9-10 (1); 54 *(170)*; 56 *(183)*; 66-67 (222, 227); 70 *(237)*; 78 *(264)*; 90.
Aucnus: 79 *(266)*.

Boéotos: voir Éole et Boéotos.
Boréades (les): 66 *(221)*.

Caelestes: 21 *(39)*; 39 *(120)*.
Castor *(cf.* aussi Castor et Pollux, Dioscures): 9.
Castor et Pollux *(cf.* aussi Dioscures): 54 *(170)*

Δέλλοι/*Delli*: 18 *(31)*; 32 *(93)*; 35-41 (108-110, 112, 116), (127); 45; 51.
Diane: 83 *(278)*.
Dioscure(s) *(cf.* aussi Castor et Pollux, ainsi que ces deux noms pris séparément): 9-10 (1); 29; 54 *(171)*; 59 *(188)*; 63-64 (209, 214); 66-70 (227), *(229, 235, 237)*; 73; 82; 86-88.
Duelli: 39 (119).

Éole: voir Éole et Boéotos.
Éole et Boétos: 66 *(222)*.

Héraklès: voir Hercule.
Hercule: 26 *(61-62)*; 31.

Lares: 73 *(241)*; 77
Lycastos: voir Lycastos et Parrhasios.
Lycastos et Parrhasios: 55 *(179)*; 59 *(195)*.

Martigenae *(cf.* aussi Romulus et Rémus): 56; 60; 90; 92.

Nāsatya *(cf.* aussi Aśvin) : 66.

Palicus/Palique (au singulier): 19 *(33)*; 30 *(83)*; 41-45 (134), (140); 50; 55; 78 *(264)*.

Paliques, *di Palici, Palici*, Παλικοί (les): 7; 12-13 (6); 15-16 *(23)*; 18-19 (31), (33), (34); 21-88 *(39)*; (41), *(43)*, (51), *(53), (57), (73)*, (82), (84-85), (92-93, 98, 106, 108-110, 116, 119-120, 126-127, 130), *(135, 137)*, (141-142, 146, 151, 153, 167, 169-171, 173, 179), *(185)*, (187, 200, 204, 208-209, 211, 214, 218, 225, 227-228, 231, 235-238, 245-246), *(255, 264)*, (265; 273, 277, 281, 283, 285); 89-92.
Paliques (sanctuaire des): 15 *(15)*; 22 *(41)*; 26-28 *(61)*, *(70)*; 30 *(83)*; 55.
Parrhasios: voir Lycastos et Parrhasios.
Pénates: 77 *(262)*.
Phylakidès: voir Phylakidès et Phylandros.
Phylakidès et Phylandros: 59 *(195)*.
Phylandros: Phylakidès et Phylandros.
Pollux *(cf.* aussi Castor et Pollux, Dioscures): 9.

Rémus *(cf.* aussi Romulus et Rémus): 10; 91.
Romulus *(cf.* aussi Romulus et Rémus): 9-10 (1); 49; 53; 59; 91.
Romulus et Rémus *(cf.* aussi *Martigenae)*: 9-10; 12; 51 *(170)*; 54; 60-62 (200), *(208)*; 65-67; 70 *(237)*; 73; 76-79 *(255)*; 81-82; 92.

TABLE DES MATIÈRES

CHAPITRE PREMIER

Le tronc commun

CHAPITRE DEUXIÈME
Les données discordantes

CHAPITRE TROISIÈME
Quelle gémellité pour les Paliques ?

Table des matières

BIBLIOTHÈQUE DES CILL (BCILL)

BCILL 1: **JUCQUOIS G.**, *La reconstruction linguistique. Application à l'indo-européen*, 267 pp., 1976 (réédition de CD 2). Prix: 670,- FB.
A l'aide d'exemples repris principalement aux langues indo-européennes, ce travail vise à mettre en évidence les caractères spécifiques ou non des langues reconstruites: universaux, théorie de la racine, reconstruction lexicale et motivation.

BCILL 2-3: **JUCQUOIS G.**, *Introduction à la linguistique différentielle, I + II*, 313 pp., 1976 (réédition de CD 8-9) (épuisé).

BCILL 4: *Löwen und Sprachtiger. Actes du 8ᵉ colloque de Linguistique* (Louvain, septembre 1973), **éd. KERN R.**, 584 pp., 1976. Prix: 1.500,- FB.
La quarantaine de communications ici rassemblées donne un panorama complet des principales tendances de la linguistique actuelle.

BCILL 5: *Language in Sociology*, **éd. VERDOODT A. et KJOLSETH Rn,** 304 pp., 1976. Prix: 760,- FB.
From the 153 sociolinguistics papers presented at the 8th World Congress of Sociology, the editors selected 10 representative contributions about language and education, industrialization, ethnicity, politics, religion, and speech act theory.

BCILL 6: **HANART M.**, *Les littératures dialectales de la Belgique romane: Guide bibliographique*, 96 pp., 1976 (2ᵉ tirage, corrigé de CD 12). Prix: 340,- FB.
En ce moment où les littératures connexes suscitent un regain d'intérêt indéniable, ce livre rassemble une somme d'informations sur les productions littéraires wallonnes, mais aussi picardes et lorraines. Y sont également considérés des domaines annexes comme la linguistique dialectale et l'ethnographie.

BCILL 7: *Hethitica II*, **éd. JUCQUOIS G. et LEBRUN R.**, avec la collaboration de DEVLAMMINCK B., II-159 pp., 1977, Prix: 480,- FB.
Cinq ans après *Hethitica I* publié à la Faculté de Philosophie et Lettres de l'Université de Louvain, quelques hittitologues belges et étrangers fournissent une dizaine de contributions dans les domaines de la linguistique anatolienne et des cultures qui s'y rattachent.

BCILL 8: **JUCQUOIS G. et DEVLAMMINCK B.**, *Complèments aux dictionnaires étymologiques du grec*. Tome I: A-K, II-121 pp., 1977. Prix: 380,- FB.
Le *Dictionnaire étymologique de la langue grecque* du regretté CHANTRAINE P. est déjà devenu, avant la fin de sa parution, un classique indispensable pour les hellénistes. Il a fait l'objet de nombreux compres rendus, dont il a semblé intéressant de regrouper l'essentiel en un volume. C'est le but que poursuivent ces *Compléments aux dictionnaires étymologiques du grec*.

BCILL 9: **DEVLAMMINCK B. et JUCQUOIS G.**, *Compléments aux dictionnaires étymologiques du gothique*. Tome I: A-F, II-123 pp., 1977. Prix: 380,- FB.
Le principal dictionnaire étymologique du gothique, celui de Feist, date dans ses dernières éditions de près de 40 ans. En attendant une refonte de l'œuvre qui

incorporerait les données récentes, ces compléments donnent l'essentiel de la littérature publiée sur ce sujet.

BCILL 10: **VERDOODT A.**, *Les problèmes des groupes linguistiques en Belgique: Introduction à la bibliographie et guide pour la recherche*, 235 pp., 1977 (réédition de CD 1). Prix: 590,- FB.
Un «trend-report» de 2.000 livres et articles relatifs aux problèmes socio-linguistiques belges. L'auteur, qui a obtenu l'aide de nombreux spécialistes, a notamment dépouillé les catalogues par matière des bibliothèques universitaires, les principales revues belges et les périodiques sociologiques et linguistiques de classe internationale.

BCILL 11: **RAISON J. et POPE M.**, *Index transnuméré du linéaire A,* 333 pp., 1977. Prix: 840,- FB.
Cet ouvrage est la suite, antérieurement promise, de RAISON-POPE, Index du linéaire A, Rome 1971. A l'introduction près (et aux dessins des «mots»), il en reprend entièrement le contenu et constitue de ce fait une édition nouvelle, corrigée sur les originaux en 1974-76 et augmentée des textes récemment publiés d'Arkhanès, Knossos, La Canée, Zakro, etc., également autopsiés et rephotographiés par les auteurs.

BCILL 12: **BAL W. et GERMAIN J.**, *Guide bibliographique de linguistique romane*, VI-267 pp., 1978. Prix 685,- FB., ISBN 2-87077-097-9, 1982, ISBN 2-8017-099-1.
Conçu principalement en fonction de l'enseignement, cet ouvrage, sélectif, non exhaustif, tâche d'être à jour pour les travaux importants jusqu'à la fin de 1977. La bibliographie de linguistique romane proprement dite s'y trouve complétée par un bref aperçu de bibliographie générale et par une introduction bibliographique à la linguistique générale.

BCILL 13: **ALMEIDA I.**, *L'opérativité sémantique des récits-paraboles. Sémiotique narrative et textuelle. Herméneutique du discours religieux.* Préface de Jean LADRIÈRE, XIII-484 pp., 1978. Prix: 1.250,- FB.
Prenant comme champ d'application une analyse sémiotique fouillée des récitsparaboles de l'Évangile de Marc, ce volume débouche sur une réflexion herméneutique concernant le monde religieux de ces récits. Il se fonde sur une investigation épistémologique contrôlant les démarches suivies et situant la sémiotique au sein de la question générale du sens et de la comprehension.

BCILL 14: *Études Minoennes I: le linéaire A*, **éd. Y. DUHOUX**, 191 pp., 1978. Prix: 480,- FB.
Trois questions relatives à l'une des plus anciennes écritures d'Europe sont traitées dans ce recueil; évolution passée et état présent des recherches; analyse linguistique de la langue du linéaire A; lecture phonétique de toutes les séquences de signes éditées à ce jour.

BCILL 15: *Hethitica III*, 165 pp., 1979. Prix: 490,- FB.
Ce volume rassemble quatre études consacrées à la titulature royal hittite, la femme dans la société hittite, l'onomastique lycienne et gréco-asianique, les rituels CTH 472 contre une impureté.

BCILL 16: **GODIN P.**, *Aspecten van de woordvolgorde in het Nederlands. Een syntaktische, semantische en functionele benadering*, VI + 338 pp., 1980. Prix: 1.000,- FB., ISBN 2-87077-241-6.

In dit werk wordt de stelling verdedigd dat de woordvolgorde in het Nederlands beregeld wordt door drie hoofdfaktoren, nl. de syntaxis (in de engere betekenis van dat woord), de semantiek (in de zin van distributie van de dieptekasussen in de oppervlaktestruktuur) en het zgn. functionele zinsperspektief (d.i. de distributie van de constituenten naargelang van hun graad van communicatief dynamisme).

BCILL 17: **BOHL S.**, *Ausdrucksmittel für ein Besitzverhältnis im Vedischen und griechischen*, III + 108 pp., 1980. Prix: 360,- FB., ISBN 2-87077-170-3.

This study examines the linguistic means used for expressing possession in Vedic Indian and Homeric Greek. The comparison, based on a select corpus of texts, reveals that these languages use essentially inherited devices but with differing frequency ratios, in addition Greek has developed a verb "to have", the result of a different rhythm in cultural development.

BCILL 18: **RAISON J. et POPE M.**, *Corpus transnuméré du linéaire A*, 350 pp., 1980. Prix: 1.100,- FB.

Cet ouvrage est, d'une part, la clé à l'Index transnuméré du linéaire A des mêmes auteurs, BCILL 11: de l'autre, il ajoute aux recueils d'inscriptions déjà publiés de plusieurs côtés des compléments indispensables; descriptions, transnumérations, apparat critique, localisation précise et chronologie détaillée des textes, nouveautés diverses, etc.

BCILL 19: **FRANCARD M.**, *Le parler de Tenneville. Introduction à l'étude linguistique des parlers wallo-lorrains*, 312 pp., 1981. Prix: 780,- FB., ISBN 2-87077-000-6.

Dialectologues, romanistes et linguistes tireront profit de cette étude qui leur fournit une riche documentation sur le domaine wallo-lorrain, un aperçu général de la segmentation dialectale en Wallonie, et de nouveaux matériaux pour l'étude du changement linguistique dans le domaine gallo-roman. Ce livre intéressera aussi tous ceux qui sont attachés au patrimoine culturel du Luxembourg belge en particulier, et de la Wallonie en général.

BCILL 20: **DESCAMPS A. et al.**, *Genèse et structure d'un texte du Nouveau Testament. Étude interdisciplinaire du chapitre 11 de l'Évangile de Jean*, 292 pp., 1981. Prix: 895,- FB.

Comment se pose le problème de l'intégration des multiples approches d'un texte biblique? Comment articuler les unes aux autres les perspectives développées par l'exégèse historicocritique et les approches structuralistes? C'est à ces questions que tentent de répondre les auteurs à partir de l'étude du récit de la résurrection de Lazare. Ce volume a paru simultanément dans la collection «Lectio divina» sous le n° 104, au Cerf à Paris, ISBN 2-204-01658-6.

BCILL 21: *Hethitica IV*, 155 pp., 1981. Prix: 390,- FB., ISBN 2-87077-026.

Six contributions d'E. Laroche, F. Bader, H. Gonnet, R. Lebrun et P. Crepon sur: les noms des Hittites; hitt. *zinna-*; un geste du roi hittite lors des affaires agraires; vœux de la reine à Istar de Lawazantiya; pauvres et démunis dans la société hittite; le thème du cerf dans l'iconographie anatolienne.

BCILL 22: **J.-J. GAZIAUX,** *L'élevage des bovidés à Jauchelette en roman pays de Brabant. Étude dialectologique et ethnographique*, XVIII + 372 pp., 1 encart, 45 illustr., 1982. Prix: 1.170,- FB., ISBN 2-87077-137-1.
Tout en proposant une étude ethnographique particulièrement fouillée des divers aspects de l'élevage des bovidés, avec une grande sensibilité au facteur humain, cet ouvrage recueille le vocabulaire wallon des paysans d'un petit village de l'est du Brabant, contrée peu explorée jusqu'à présent sur le plan dialectal.

BCILL 23: *Hethitica V*, 131 pp., 1983. Prix: 330,- FB., ISBN 2-87077-155-X.
Onze articles de H. Berman, M. Forlanini, H. Gonnet, R. Haase, E. Laroche, R. Lebrun, S. de Martino, L.M. Mascheroni, H. Nowicki, K. Shields.

BCILL 24: **L. BEHEYDT,** *Kindertaalonderzoek. Een methodologisch handboek*, 252 pp., 1983. Prix: 620,- FB., ISBN 2-87077-171-1.
Dit werk begint met een overzicht van de trends in het kindertaalonderzoek. Er wordt vooral aandacht besteed aan de methodes die gebruikt worden om de taalontwikkeling te onderzoeken en te bestuderen. Het biedt een gedetailleerd analyserooster voor het onderzoek van de receptieve en de produktieve taalwaardigheid zowel door middel van tests als door middel van bandopnamen. Zowel onderzoek van de woordenschat als onderzoek van de grammatica komen uitvoerig aan bod.

BCILL 25: **J.-P. SONNET,** *La parole consacrée. Théorie des actes de langage, linguistique de l'énonciation et parole de la foi*, VI-197 pp., 1984. Prix: 520,- FB. ISBN 2-87077-239-4.
D'où vient que la parole de la foi ait une telle force? Ce volume tente de répondre à cette question en décrivant la «parole consacrée», en cernant la puissance spirituelle et en définissant la relation qu'elle instaure entre l'homme qui la prononce et le Dieu dont il parle.

BCILL 26: **A. MORPURGO DAVIES - Y. DUHOUX (ed.),** *Linear B: A 1984 Survey, Proceedings of the Mycenaean Colloquium of the VIIIth Congress of the International Federation of the Societies of Classical Studies (Dublin, 27 August-1st September 1984)*, 310 pp., 1985. Price: 850 FB., ISBN 2-87077-289-0.
Six papers by well known Mycenaean specialists examine the results of Linear B studies more than 30 years after the decipherment of script. Writing, language, religion and economy are all considered with constant reference to the Greek evidence of the First Millennium B.C. Two additional articles introduce a discussion of archaeological data which bear on the study of Mycenaean religion.

BCILL 27: *Hethitica VI*, 204 pp., 1985. Prix: 550 FB. ISBN 2-87077-290-4.
Dix articles de J. Boley, M. Forlanini, H. Gonnet, E. Laroche, R. Lebrun, E. Neu, M. Paroussis, M. Poetto, W.R. Schmalstieg, P. Swiggers.

BCILL 28: **R. DASCOTTE,** *Trois suppléments au dictionnaire du wallon du Centre*, 359 pp., 1 encart, 1985. Prix: 950 FB. ISBN 2-87077-303-X.
Ce travail comprend 5.200 termes qui apportent un complément substantiel au *Dictionnaire du wallon du Centre* (8.100 termes). Il est le fruit de 25 ans d'enquête sur le terrain et du dépouillement de nombreux travaux dont la plupart sont inédits, tels des

mémoires universitaires. Nul doute que ces *Trois suppléments au dictionnaire du wallon du Centre* intéresseront le spécialiste et l'amateur.

BCILL 29: **B. HENRY**, *Les enfants d'immigrés italiens en Belgique francophone, Seconde génération et comportement linguistique*, 360 pp., 1985. Prix: 950 FB. ISBN 2-87077-306-4.
L'ouvrage se veut un constat de la situation linguistique de la seconde génération immigrée italienne en Belgique francophone en 1976. Il est basé sur une étude statistique du comportement linguistique de 333 jeunes issus de milieux immigrés socio-économiques modestes. Des chiffres préoccupants qui parlent et qui donnent à réfléchir...

BCILL 30: **H. VAN HOOF**, *Petite histoire de la traduction en Occident*, 105 pp., 1986. Prix: 380 FB. ISBN 2-87077-343-9.
L'histoire de notre civilisation occidentale vue par la lorgnette de la traduction. De l'Antiquité à nos jours, le rôle de la traduction dans la transmission du patrimoine gréco-latin, dans la christianisation et la Réforme, dans le façonnage des langues, dans le développement des littératures, dans la diffusion des idées et du savoir. De la traduction orale des premiers temps à la traduction automatique moderne, un voyage fascinant.

BCILL 31: **G. JUCQUOIS**, *De l'egocentrisme à l'ethnocentrisme*, 421 pp., 1986. Prix: 1.100 FB. ISBN 2-87077-352-8.
La rencontre de l'Autre est au centre des préoccupations comparatistes. Elle constitue toujours un événement qui suscite une interpellation du sujet: les manières d'être, d'agir et de penser de l'Autre sont autant de questions sur nos propres attitudes.

BCILL 32: **G. JUCQUOIS**, *Analyse du langage et perception culturelle du change-ment*, 240 p., 1986. Prix: 640 FB. ISBN 2-87077-353-6.
La communication suppose la mise en jeu de différences dans un système perçu comme permanent. La perception du changement est liée aux données culturelles: le concept de différentiel, issu très lentement des mathématiques, peut être appliquée aux sciences du vivant et aux sciences de l'homme.

BCILL 33-35: **L. DUBOIS**, *Recherches sur le dialecte arcadien*, 3 vol., 236, 324, 134 pp., 1986. Prix: 1.975 FB. ISBN 2-87077-370-6.
Cet ouvrage présente aux antiquisants et aux linguistes un corpus mis à jour des inscriptions arcadiennes ainsi qu'une description synchronique et historique du dialecte. Le commentaire des inscriptions est envisagé sous l'angle avant tout philologique; l'objectif de la description de ce dialecte grec est la mise en évidence de nombreux archaïsmes linguistiques.

BCILL 36: *Hethitica VII*, 267 pp., 1987. Prix: 800 FB.
Neuf articles de P. Cornil, M. Forlanini, G. Gonnet, R. Haase, G. Kellerman, R. Lebrun, K. Shields, O. Soysal, Th. Urbin Choffray.

BCILL 37: *Hethitica VIII. Acta Anatolica E. Laroche oblata*, 426 pp., 1987. Prix: 1.300 FB.

Ce volume constitue les *Actes* du Colloque anatolien de Paris (1-5 juillet 1985): articles de D. Arnaud, D. Beyer, Cl. Brixhe, A.M. et B. Dinçol, F. Echevarria, M. Forlanini, J. Freu, H. Gonnet, F. Imparati, D. Kassab, G. Kellerman, E. Laroche, R. Lebrun, C. Le Roy, A. Morpurgo Davies et J.D. Hawkins, P. Neve, D. Parayre, F. Pecchioli-Daddi, O. Pelon, M. Salvini, I. Singer, C. Watkins.

BCILL 38: **J.-J. GAZIAUX**, *Parler wallon et vie rurale au pays de Jodoigne à partir de Jauchelette*. Avant-propos de Willy Bal, 368 pp., 1987. Prix: 790 FB.
Après avoir caractérisé le parler wallon de la région de Jodoigne, l'auteur de ce livre abondamment illustré s'attache à en décrire le cadre villageois, à partir de Jauchelette. Il s'intéresse surtout à l'évolution de la population et à divers aspects de la vie quotidienne (habitat, alimentation, distractions, vie religieuse), dont il recueille le vocabulaire wallon, en alliant donc dialectologie et ethnographie.

BCILL 39: **G. SERBAT**, *Linguistique latine et Linguistique générale*, 74 pp., 1988. Prix: 280 FB. ISBN 90-6831-103-4.
Huit conférences faites dans le cadre de la Chaire Francqui, d'octobre à décembre 1987, sur: le temps; deixis et anaphore; les complétives; la relative; nominatif; génitif partitif; principes de la dérivation nominale.

BCILL 40: *Anthropo-logiques*, éd. D. Huvelle, J. Giot, R. Jongen, P. Marchal, R. Pirard (Centre interdisciplinaire de Glossologie et d'Anthropologie Clinique), 202 pp., 1988. Prix: 600 FB. ISBN 90-6831-108-5.
En un moment où l'on ne peut plus ignorer le malaise épistémologique où se trouvent les sciences de l'humain, cette série nouvelle publie des travaux situés dans une perspective anthropo-logique unifiée mais déconstruite, épistémologiquement et expérimentalement fondée. Domaines abordés dans ce premier numéro: présentation générale de l'anthropologie clinique; épistémologie; linguistique saussurienne et glossologie; méthodologie de la description de la grammaticalité langagière (syntaxe); anthropologie de la personne (l'image spéculaire).

BCILL 41: **M. FROMENT**, *Temps et dramatisations dans les récits écrits d'élèves de 5ᵉ*, 268 pp., 1988. Prix: 850 FB.
Les récits soumis à l'étude ont été analysés selon les principes d'une linguistique qui intègre la notion de circulation discursive, telle que l'a développée M. Bakhtine.
La comparaison des textes a fait apparaître que le temps était un principe différenciateur, un révélateur du type d'histoire racontée.
La réflexion sur la temporalité a également conduit à constituer une typologie des textes intermédiaire entre la langue et la diversité des productions, en fonction de leur homogénéité.

BCILL 42: **Y.L. ARBEITMAN** (ed.), *A Linguistic Happening in Memory of Ben Schwartz. Studies in Anatolian, Italic and Other Indo-European Languages*, 598 pp., 1988. Prix: 1800,- FB.
36 articles dédiés à la mémoire de B. Schwartz traitent de questions de linguistique anatolienne, italique et indo-européenne.

BCILL 43: *Hethitica IX*, 179 pp., 1988. Prix: 540 FB. ISBN. Cinq articles de St. DE MARTINO, J.-P. GRÉLOIS, R. LEBRUN, E. NEU, A.-M. POLVANI.

BCILL 44: **M. SEGALEN** (éd.), *Anthropologie sociale et Ethnologie de la France*, 873 pp., 1989. Prix: 2.620 FB. ISBN 90-6831-157-3 (2 vol.).
Cet ouvrage rassemble les 88 communications présentées au Colloque International «Anthropologie sociale et Ethnologie de la France» organisé en 1987 pour célébrer le cinquantième anniversaire du Musée national des Arts et Traditions populaires (Paris), une des institutions fondatrices de la discipline. Ces textes montrent le dynamisme et la diversité de l'ethnologie chez soi. Ils sont organisés autour de plusieurs thèmes: le regard sur le nouvel «Autre», la diversité des cultures et des identités, la réévaluation des thèmes classiques du symbolique, de la parenté ou du politique, et le rôle de l'ethnologue dans sa société.

BCILL 45: **J.-P. COLSON**, *Krashens monitortheorie: een experimentele studie van het Nederlands als vreemde taal. La théorie du moniteur de Krashen: une étude expérimentale du néerlandais, langue étrangère*, 226 pp., 1989. Prix: 680 FB. ISBN 90-6831-148-4.
Doel van dit onderzoek is het testen van de monitortheorie van S.D. Krashen in verband met de verwerking van het Nederlands als vreemde taal. Tevens wordt uiteengezet welke plaats deze theorie inneemt in de discussie die momenteel binnen de toegepaste taalwetenschap gaande is.

BCILL 46: *Anthropo-logiques* 2 (1989), 324 pp., 1989. Prix: 970 FB. ISBN 90-6831-156-5.
Ce numéro constitue les Actes du Colloque organisé par le CIGAC du 5 au 9 octobre 1987. Les nombreuses interventions et discussions permettent de dégager la spécificité épistémologique et méthodologique de l'anthropologie clinique: approches (théorique ou clinique) de la rationalité humaine, sur le plan du signe, de l'outil, de la personne ou de la norme.

BCILL 47: **G. JUCQUOIS**, *Le comparatisme*, t. 1: *Généalogie d'une méthode*, 206 pp., 1989. Prix: 750 FB. ISBN 90-6831-171-9.
Le comparatisme, en tant que méthode scientifique, n'apparaît qu'au XIXe siècle. En tant que manière d'aborder les problèmes, il est beaucoup plus ancien. Depuis les premières manifestations d'un esprit comparatiste, à l'époque des Sophistes de l'Antiquité, jusqu'aux luttes théoriques qui préparent, vers la fin du XVIIIe siècle, l'avènement d'une méthode comparative, l'histoire des mentalités permet de préciser ce qui, dans une société, favorise l'émergence contemporaine de cette méthode.

BCILL 48: **G. JUCQUOIS**, *La méthode comparative dans les sciences de l'homme*, 138 pp., 1989. Prix: 560 FB. ISBN 90-6831-169-7.
La méthode comparative semble bien être spécifique aux sciences de l'homme. En huit chapitres, reprenant les textes de conférences faites à Namur en 1989, sont présentés les principaux moments d'une histoire du comparatisme, les grands traits de la méthode et quelques applications interdisciplinaires.

BCILL 49: *Problems in Decipherment*, edited by **Yves DUHOUX, Thomas G. PALAIMA and John BENNET**, 1989, 216 pp. Price: 650 BF. ISBN 90-6831-177-8.

Five scripts of the ancient Mediterranean area are presented here. Three of them are still undeciphered — "Pictographic" Cretan; Linear A; Cypro-Minoan. Two papers deal with Linear B, a successfully deciphered Bronze Age script. The last study is concerned with Etruscan.

BCILL 50: **B. JACQUINOD**, *Le double accusatif en grec d'Homère à la fin du Vᵉ siècle avant J.-C.* (publié avec le concours du Centre National de la Recherche Scientifique), 1989, 305 pp. Prix: 900 FB. ISBN 90-6831-194-8.
Le double accusatif est une des particularités du grec ancien: c'est dans cette langue qu'il est le mieux représenté, et de beaucoup. Ce tour, loin d'être un archaïsme en voie de disparition, se développe entre Homère et l'époque classique. Les types de double accusatif sont variés et chacun conduit à approfondir un fait de linguistique générale: expression de la sphère de la personne, locution, objet interne, transitivité, causativité, etc. Un livre qui intéressera linguistes, hellénistes et comparatistes.

BCILL 51: **Michel LEJEUNE**, *Méfitis d'après les dédicaces lucaniennes de Rossano di Vaglio*, 103 pp., 1990. Prix: 400,- FB. ISBN 90-6831-204-3.
D'après l'épigraphie, récemment venue au jour, d'un sanctuaire lucanien (-IVᵉ/-Iᵉʳ s.), vues nouvelles sur la langue osque et sur le culte de la déesse Méfitis.

BCILL 52: *Hethitica* X, 211 pp., 1990. Prix: 680 FB. Sept articles de P. CORNIL, M. FORLANINI, H. GONNET, J. KLINGER et E. NEU, R. LEBRUN, P. TARACHA, J. VANSCHOONWINKEL. ISBN 90-6831-288-X.

BCILL 53: **Albert MANIET**, *Phonologie quantitative comparée du latin ancien*, 1990, 362 pp. Prix: 1150 FB. ISBN 90-6831-225-1.
Cet ouvrage présente une statistique comparative, accompagnée de remarques d'ordre linguistique, des éléments et des séquences phoniques figurant dans un corpus latin de 2000 lignes, de même que dans un état plus ancien de ce corpus, reconstruit sur base de la phonétique historique des langues indo-européennes.

BCILL 54-55: **Charles de LAMBERTERIE**, *Les adjectifs grecs en -υς. Sémantique et comparaison* (publié avec le concours de l'Académie des Inscriptions et Belles-Lettres, du Centre National de la Recherche Scientifique et de la Fondation Calouste Gulbenkian), 1.035 pp., 1990. Prix: 1980 FB. ISBN tome I: 90-6831-251-0; tome II: 90-6831-252-9.
Cet ouvrage étudie une classe d'adjectifs grecs assez peu nombreuse (une quarantaine d'unités), mais remarquable par la cohérence de son fonctionnement, notamment l'aptitude à former des couples antonymiques. On y montre en outre que ces adjectifs, hérités pour la plupart, fournissent une riche matière à la recherche étymologique et jouent un rôle important dans la reconstruction du lexique indo-européen.

BCILL 56: **A. SZULMAJSTER-CELNIKIER**, *Le yidich à travers la chanson populaire. Les éléments non germaniques du yidich*, 276 pp., 22 photos, 1991. Prix: 1490 FB. ISBN 90-6831-333-9.

BCILL 57: *Anthropo-logiques 3* (1991), 204 pp., 1991. Prix: 695 FB. ISBN 90-6831-345-2.

Les textes de ce troisième numéro d'*Anthropo-logiques* ont en commun de chercher épistémologiquement à déconstruire les phénomènes pour en cerner le fondement. Ils abordent dans leur spécificité humaine le langage, l'expression numérale, la relation clinique, le corps, l'autisme et les psychoses infantiles.

BCILL 58: **G. JUCQUOIS-P. SWIGGERS** (éd.), *Le comparatisme devant le miroir*, 155 pp., 1991. Prix: 540 FB. ISBN 90-6831-363-0.
Dix articles de E. Gilissen, G.-G. Granger, C. Hagège, G. Jucquois, H.G. Moreira Freire de Morais Barroco, P. Swiggers, M. Van Overbeke.

BCILL 59: *Hethitica XI*, 136 pp., 1992. Prix: 440 FB. ISBN 90-6831-394-0.
Six articles de T.R. Bryce, S. de Martino, J. Freu, R. Lebrun, M. Mazoyer et E. Neu.

BCILL 60: **A. GOOSSE**, *Mélanges de grammaire et de lexicologie françaises*, XXVIII-450 pp., 1991. Prix: 1.600 FB. ISBN 90-6831-373-8.
Ce volume réunit un choix d'études de grammaire et de lexicologie françaises d'A. Goosse. Il est publié par ses collègues et collaborateurs à l'Université Catholique de Louvain à l'occasion de son accession à l'éméritat.

BCILL 61: **Y. DUHOUX**, *Le verbe grec ancien. Éléments de morphologie et de syntaxe historiques*, 549 pp., 1992. Prix: 1650 FB. ISBN 90-6831-387-8.
Ce livre étudie la structure et l'histoire du système verbal grec ancien. Menées dans une optique structuraliste, les descriptions morphologiques et syntaxiques sont toujours associées, de manière à s'éclairer mutuellement. Une attention particulière a été consacrée à la délicate question de l'aspect verbal. Les données quantitatives ont été systématiquement traitées, grâce à un *corpus* de plus de 100.000 formes verbales s'échelonnant depuis Homère jusqu'au IVe siècle avant J.-C.

BCILL 62: **D. da CUNHA**, *Discours rapporté et circulation de la parole*, 1992, 231 pp., Prix: 740 FB. ISBN 90-6831-401-7.
L'analyse pragmatique de la circulation de la parole entre un discours source, six rapporteurs et un interlocuteur montre que le discours rapporté ne peut se réduire aux styles direct, indirect et indirect libre. Par sa façon de reprendre les propos qu'il cite, chaque rapporteur privilégie une variante personnelle dans laquelle il leur prête sa voix, allant jusqu'à forger des citations pour mieux justifier son propre discours.

BCILL 63: **A. OUZOUNIAN**, *Le discours rapporté en arménien classique*, 1992, 300 pp., Prix: 990 FB. ISBN 90-6831-456-4.

BCILL 64: **B. PEETERS**, *Diachronie, Phonologie et Linguistique fonctionnelle*, 1992, 194 pp., Prix: 785 FB. ISBN 90-6831-402-5.

BCILL 65: **A. PIETTE**, *Le mode mineur de la réalité. Paradoxes et photographies en anthropologie*, 1992, 117 pp., Prix: 672 FB. ISBN 90-6831-442-4.

BCILL 66: **Ph. BLANCHET** (éd.), *Nos langues et l'unité de l'Europe. Actes des Colloques de Fleury (Normandie) et Maiano (Prouvènço)*, 1992, 113 pp., Prix: 400 FB. ISBN 90-6831-439-4.
Ce volume envisage les problèmes posés par la prise en compte de la diversité linguistique dans la constitution de l'Europe. Universitaires, enseignants, écrivains,

hommes politiques, responsables de structures éducatives, économistes, animateurs d'associations de promotion des cultures régionales présentent ici un vaste panorama des langues d'Europe et de leur gestion socio-politique.

BCILL 67: *Anthropo-logiques* 4, 1992, 155 pp., Prix: 540 FB. ISBN 90-6831-464-5.
Une fois encore, l'unité du propos de ce numéro d'*Anthropo-logiques* ne tient pas tant à l'objet — bien qu'il soit relativement circonscrit: l'humain (on étudie ici la faculté de concevoir, la servitude du vouloir, la dépendance de l'infantile et la parenté) — qu'à la méthode, dont les deux caractères principaux sont justement les plus malaisés à conjoindre: une approche dialectique et analytique.

BCILL 68: **L. BEHEYDT (red.)**, *Taal en leren. Een bundel artikelen aangeboden aan prof. dr. E. Nieuwborg*, X-211 pp., 1993. Prix: 795 FB. ISBN 90-6831-476-9.
Deze bundel, die helemaal gewijd is aan toegepaste taalkunde en vreemde-talen-onderwijs, bestaat uit vijf delen. Een eerste deel gaat over evaluatie in het v.t.-onderwijs. Een tweede deel betreft taalkundige analyses in functie van het v.t.-onderwijs. Een derde deel bevat contrastieve studies terwijl een vierde deel over methodiek gaat. Het laatste deel, ten slotte, is gericht op het verband taal en cultuur.

BCILL 69: **G. JUCQUOIS**, *Le comparatisme, t. 2: Émergence d'une méthode*, 208 pp., 1993. Prix: 730 FB. ISBN 90-6831-482-3, ISBN 2-87723-053-0.
Les modifications majeures qui caractérisent le passage de l'Ancien Régime à l'époque contemporaine se produisent initialement dans les sciences du vivant. Celles-ci s'élaborent, du XVIIIe au XXe siècle, par la progressive prise en compte du changement et du mouvement. Les sciences biologiques deviendront ainsi la matrice constitutive des sciences de l'homme par le moyen d'une méthodologie, comparative pour ces dernières et génétique pour les premières.

BCILL 70: *DE VSV, Études de syntaxe latine offertes en hommage à Marius Lavency*, édité par **D. LONGRÉE**, préface de G. SERBAT, 365 pp., 1995. Prix: 1.290 FB. ISBN 90-6831-481-5, ISBN 2-87723-054-6.
Ce volume, offert en hommage à Marius Lavency, professeur émérite à l'Université Catholique de Louvain, réunit vingt-six contributions illustrant les principales tendances des recherches récentes en syntaxe latine. Partageant un objectif commun avec les travaux de Marius Lavency, ces études tendent à décrire «l'usage» des auteurs dans ses multiples aspects: emplois des cas et des tournures prépositionnelles, oppositions modales et fonctionnements des propositions subordonnées, mécanismes diaphoriques et processus de référence au sujet, structures des phrases complexes… Elles soulignent la complémentarité des descriptions syntaxiques et des recherches lexicologiques, sémantiques, pragmatiques ou stylistisques. Elles mettent à nouveau en évidence les nombreuses interactions de la linguistique latine et de la linguistique générale.

BCILL 71: **J. PEKELDER**, *Conventies en Functies. Aspecten van binominale woordgroepen in het hedendaagse Nederlands*, 245 pp., 1993. Prix: 860 FB. ISBN 90-6831-500-5.
In deze studie wordt aangetoond dat een strikt onderscheid tussen lexicale en lineaire **conventies** enerzijds en lexicale en lineaire **functies** anderzijds tot meer inzicht leidt in de verschillende rollen die syntactische en niet-syntactische functies spelen bij de interpretatie van binominale woordgroepen met *van* in het hedendaagse Nederlands.

BCILL 72: **H. VAN HOOF**, *Dictionnaire des éponymes médicaux français-anglais*, 407 pp., 1993. Prix: 1425 FB. ISBN 90-6831-510-2, ISBN 2-87723-071-6.
Les éponymes constituent un problème particulier du labyrinthe synonymique médical, phénomène dont se plaignent les médecins eux-mêmes et qui place le traducteur devant d'innombrables problèmes d'identification des équivalences. Le présent dictionnaire, précédé d'une étude typologique, s'efforce par ses quelque 20.000 entrées de résoudre la plupart de ces difficultés.

BCILL 73: **C. VIELLE - P. SWIGGERS - G. JUCQUOIS** *éds, Comparatisme, mythologies, langages en hommage à Claude Lévi-Strauss*, 454 pp., 1994. Prix: 1600 FB. ISBN 90-6831-586-2, ISBN 2-87723-130-5.
Ce volume offert à Claude Lévi-Strauss à l'occasion de ses quatre-vingt-cinq ans réunit des études mythologiques, linguistiques et/ou comparatives de Ph. Blanchet, A. Delobelle, E. Désveaux, B. Devlieger, D. Dubuisson, F. François, J.C. Gomes da Silva, J. Guiart, G. Jucquois, M. Mahmoudian, J.-Y. Maleuvre, H.B. Rosén, Cl. Sandoz, B. Sergent, P. Swiggers et C. Veille.

BCILL 74: **J. RAISON - M. POPE**, *Corpus transnuméré du linéaire A*, deuxième édition, 337 pp., 1994. Prix: 1180 FB. ISBN 90-6831-561-7, ISBN 2-87723-115-1.
La deuxième édition de ce *Corpus* livre le texte de tous les documents linéaire A publiés à la fin de 1993, rassemblés en un volume maniable. Elle conserve la numérotation des signes utilisée en 1980, autorisant ainsi l'utilisation aisée de toute la bibliographie antérieure. Elle joint à l'édition proprement dite de précieuses notices sur l'archéologie, le lieu précis de trouvaille, la datation, etc.

BCILL 75: *Florilegium Historiographiae Linguisticae. Études d'historiographie de la linguistique et de grammaire comparée à la mémoire de Maurice Leroy*, édité par **J. DE CLERCQ** et **P. DESMET**, 512 pp., 1994. Prix: 1800,- FB. ISBN 90-6831-578-1, ISBN 2-87723-125-9.
Vingt-neuf articles illustrent des questions d'histoire de la linguistique et de grammaire comparée en hommage à l'auteur des *Grands courants de la linguistique moderne*.

BCILL 76: *Plurilinguisme et Identité culturelle, Actes des Assises européennes pour une Éducation plurilingue (Luxembourg)*, édités par **G. DONDENLIGER** et **A. WENGLER**, 185 pp., 1994. Prix: 650,- FB. ISBN 90-6831-587-0, ISBN 2-87723-131-3.
Comment faciliter la communication entre les citoyens de toute l'Europe géographique et humaine, avec le souci de préserver, en même temps, l'indispensable pluralisme de langues et de cultures? Les textes réunis dans ce volume montrent des démarches fort diverses, souvent ajustées à une région, mais qui mériteraient certainement d'être adaptées à des situations analogues.

BCILL 77: **H. VAN HOOF**, *Petite histoire des dictionnaires*, 129 pp., 1994, 450 FB. ISBN 90-6831-630-3, ISBN 2-87723-149-6.
Les dictionnaires sont des auxiliaires tellement familiers du paysage éducatif que l'on ne songe plus guère à leurs origines. Dépositaires de la langue d'une communauté (dictionnaires unilingues), instruments de la communication entre communautés de langues différentes (dictionnaires bilingues) ou répertoires pour spécialistes des disciplines les plus variées (dictionnaires unilingues ou polyglottes), tous ont une histoire

dont l'auteur retrace les étapes depuis des temps parfois très reculés jusqu'à nos jours, avec la naissance des dictionnaires électroniques.

BCILL 78: *Hethitica XII*, 85 pp., 1994. Prix: 300 FB. ISBN 90-6831-651-6, ISBN 2-87723-170-4.
Six articles de R. Haase, W. Helck, J. Klinger, R. Lebrun, K. Shields.

BCILL 79: **J. GAGNEPAIN**, *Leçons d'introduction à la théorie de la médiation*, 304 pp. Prix: 990 FB. ISBN 90-6831-621-4, ISBN 2-87723-143-7.
Ce volume reproduit les leçons données par Jean Gagnepain à l'UCL en 1993. Le modèle de l'anthropologie clinique y est exposé dans sa globalité et d'une manière particulièrement vivante. Ces leçons constituent une excellente introduction à l'ensemble des travaux médiationnistes de l'auteur.

BCILL 80: **C. TOURATIER**, *Syntaxe Latine*, LXII-754 pp. Prix: 3.900 FB. ISBN 90-6831-474-2, ISBN 2-87723-051-1.

BCILL 81: **Sv. VOGELEER** (éd.), *L'interprétation du texte et la traduction*, 178 pp., 1995. Prix: 625 FB. ISBN 90-6831-688-5, ISBN 2-87723-189-5.
Les articles réunis dans ce volume traitent de l'interprétation du texte (textes littéraires et spécialisés), envisagée dans une optique unilingue ou par rapport à la traduction, et de la description et l'enseignement de langues de domaines sémantiques restreints.

BCILL 82: **Cl. BRIXHE**, *Phonétique et phonologie du grec ancien* I. *Quelques grandes questions*, 162 pp., 1996. Prix: 640 FB. ISBN 90-6831-807-1, ISBN 2-87723-215-8.
Ce livre correspond au premier volume de ce qui devrait être, surtout pour le consonantisme, une sorte d'introduction à la phonétique et à la phonologie du grec ancien. Le recours combiné à la phonétique générale, au structuralisme classique et à la sociolinguistique permet de mettre en évidence des variations géographiques, possibles ou probables, dans le grec dit «méridional» du second millénaire et de proposer, entre autres, des solutions originales pour les grandes questions soulevées par le consonantisme du mycénien et des dialectes alphabétiques.

BCILL 83: *Anthropo-logiques* 6 (1995): *Quel «discours de la méthode» pour les Sciences humaines? Un état des lieux de l'anthropologie clinique. Actes du 3ᵉ Colloque international d'anthropologie clinique (Louvain-la-Neuve - Novembre 1993)*, IV-278 pp., 990 FB. ISBN 90-6831-821-7, ISBN 2-87723-225-5.
Dans une perspective résolument transdisciplinaire, des spécialistes s'interrogent ensemble sur la méthode clinique en sciences humaines et sur ses enjeux épistémologiques. Les textes portent sur l'esthétique poétique et plastique, les perturbations neurologiques affectant l'organisation du temps, de l'espace et des liens sociaux, les rapports entre crise sociale et crise personnelle, le sort de l'éthique et de la morale dans les névroses, l'enfance et l'épistémologie. Le volume constitue un excellent état des lieux des travaux actuels en anthropologie clinique.

BCILL 84: **D. DUBUISSON**, *Anthropologie poétique. Esquisses pour une anthropologie du texte*, IV-159 pp., 1996. Prix: 600 FB. ISBN 90-6831-830-6, ISBN 2-87723-231-X.

Afin d'éloigner le *texte* des apories et des impasses dans lesquelles le retiennent les linguistiques et les rhétoriques «analytiques», l'auteur propose de fonder sur lui une véritable *anthropologie poétique* qui, à la différence des démarches précédentes, accorde la plus grande attention à la nécessaire vocation cosmographique de la *fonction textuelle*.

BCILL 85: *Hethitica XIII*, 72 pp., Louvain-la-Neuve, Peeters, 1996. Prix: 400 FB. ISBN 90-6831-899-3.
Cinq articles de M. Forlanini, J. Freu, R. Lebrun, E. Neu.

BCILL 86: **P. LARRIVÉE** (éd.), *La structuration conceptuelle du langage*, 222 pp., Louvain-la-Neuve, Peeters, 1997. Prix: 790 FB. ISBN 90-6831-907-8.
Neuf contributions explorent le sens des concepts dans diverses langues et selon différents cadres d'analyse. Cette exploration se fonde sur le principe que l'interprétation d'une unité se fait à partir du concept qu'elle représente, selon la valeur de ses composantes, des relations qui s'établissent entre elles et en regard de ses rapports avec les autres unités de la séquence où elle s'emploie.

BCILL 87: **A. HERMANS** (éd.), *Les dictionnaires spécialisés et l'Analyse de la Valeur. Actes du Colloque organisé en avril 1995 par le Centre de Terminologie de Bruxelles (Institut Libre Marie Haps)*, 286 pp., Louvain-la-Neuve, Peeters, 1997. Prix: 990 FB. ISBN 90-6831-898-5.
S'inspirant des principes de l'Analyse de la Valeur, terminologues, terminographes et utilisateurs examinent ici les finalités et les fonctions du produit terminographique. Cet ouvrage suggère non seulement des modifications aux dictionnaires existants, mais aussi des nouveaux produits ou concepts, susceptibles d'accroître la satisfaction des besoins en terminologie.

BCILL 88: **M. LAVENCY**, *Vsvs. Grammaire latine. Description du latin classique en vue de la lecture des auteurs (deuxième édition)*, 358 pp., Louvain-la-Neuve, Peeters, 1997. Prix: 1250 FB. ISBN 90-6831-904-3.
Vous qui, pendant ou après l'Université, voulez lire et interpréter avec le meilleur profit les textes classiques latins, cet ouvrage est fait pour vous. La linguistique y est mise au service de la philologie, dans le but de fournir une description des structures grammaticales fondatrices de l'usage des auteurs latins.

BCILL 89: **M. MAHMOUDIAN**, *Le contexte en sémantique*, VIII-163 pp., Louvain-la-Neuve, Peeters, 1997. Prix: 600 FB. ISBN 90-6831-915-9.
Quel rôle joue le contexte dans la production et la perception de la signification linguistique? La démarche adoptée pour répondre à cette question est double: réexamen des modèles sémantiques et des principes qui les sous-tendent, d'une part, et de l'autre, enquêtes pour confronter les thèses avancées à des données empiriques. Au terme de cette étude, la structure sémantique apparaît comme relative et ouverte, où le contexte est tour à tour source et cible des influences sémantiques.

BCILL 90: **J.-M. ELOY**, *La constitution du Picard: une approche de la notion de langue*, IV-259 pp., Louvain-la-Neuve, Peeters, 1997. Prix: 920 FB. ISBN 90-6831-905-1.

Cet ouvrage fait le point sur le cas picard et développe une réflexion originale sur la notion de langue. À partir des théories linguistiques, de l'histoire du fait picard et d'une démarche principalement sociolinguistique, l'auteur dégage des résultats qui éclairent la question des langues régionales d'oïl, et au delà, intéressent la linguistique générale.

BCILL 91: **L. DE MEYER**, *Vers l'invention de la rhétorique. Une perspective ethnologique sur la communication en Grèce ancienne,* 314 pp., Louvain-la-Neuve, Peeters, 1997. Prix: 1100 FB. ISBN 90-6831-942-6.
L'auteur, s'inspirant des données de l'ethnologie de la communication, tente une description généalogique des différents «niveaux de conscience» du discours qui ont précédé celui de la rhétorique proprement dite. Le passage des «proto-rhétoriques», encore fortement liées à la «parole efficiente», à la rhétorique est analysé dans ses rapports aux nouveaux usages de l'écriture, à la crise de l'expérience démocratique athénienne et à l'avènement de la philosophie.

BCILL 92: **J. C. HERRERAS** (éd.), *L'enseignement des langues étrangères dans les pays de l'Union Européenne*, 401 pp. Louvain-la-Neuve, Peeters, 1998. Prix: 1420 FB. ISBN 90-429-0025-3.
L'Union Européenne, en choisissant de garder onze langues officielles, a fait le pari de la diversité linguistique. Mais cette option a aussi ses exigences, puisque, pour faciliter la mobilité des citoyens et assurer une meilleure intercompréhension à l'intérieur de la Communauté, l'apprentissage des langues des partenaires européens est indispensable. Le présent ouvrage essaie d'analyser dans quelle mesure la politique linguistique des pays membres contribue à atteindre ces objectifs.

BCILL 93: **C. DE SCHAETZEN** (éd.), *Terminologie et interdisciplinarité. Actes du Colloque organisé en avril 1996 par le Centre de terminologie de Bruxelles (Institut Libre Marie Haps) et l'Association internationale des Professeurs de Langues vivantes*, 184 pp., Louvain-la-Neuve, Peeters, 1997. Prix: 670 FB. ISBN 90-6831-949-3.
La terminologie des spécialistes est à la fois obstacle et vecteur de communication interdisciplinaire. Ce volume constitue les *Actes* d'un Colloque centré sur les rapports entre terminologie et interdisciplinarité.

BCILL 94: **A. MANIET**, *Répercussions phonologiques et morphologiques de l'évolution phonétique: le latin préclassique*, XIV-303 pp., Louvain-la-Neuve, Peeters, 1997. Prix: 1120 FB. ISBN 90-6831-951-5.
L'ouvrage vise à tester, sur le plan phonique, le principe fonctionnaliste d'économie. La démonstration se base sur la série algorithmique, quantifiée, des changements phoniques qui ont fait aboutir le système d'un corpus reconstitué au système représenté par un corpus latin préclassique, y compris les variantes morphologiques.

BCILL 95: **A. TABOURET-KELLER** (éd.), *Le nom des langues. I. Les enjeux de la nomination des langues*, 274 pp., Louvain-la-Neuve, Peeters, 1997. Prix: 960 FB. ISBN 90-6831-953-1.
Nommer une langue, loin d'être une question linguistique, relève d'enjeux qui intéressent aussi bien les institutions que les personnes et qui sont souvent contradictoires. Dans ce premier tome d'une série traitant du *nom des langues*, une dizaine d'études illustrent cette problématique en s'appliquant chacune à un cas bien particulier.

BCILL 96: **A. MEURANT**, *Les Paliques, dieux jumeaux siciliens*, 123 pp., Louvain-la-Neuve, Peeters, 1998. Prix: 490 FB. ISBN 90-429-0235-3.
Une étude détaillée du mythe et du culte de très vieilles divinités siciliennes devenues symboles de liberté et consultées pour éprouver la bonne foi. La formation de leur légende, la nature de leur gémellité et leurs relations avec les Δέλλοι y sont particulièrement analysées.

BCILL 97: **Y. DUHOUX** (éd.), *Langue et langues. Hommage à Albert MANIET,* 289 pp., Louvain-la-Neuve, Peeters, 1998. Prix: 1050 FB. ISBN 90-429-0576-X.
Treize articles (de Y. DUHOUX, É. ÉVRARD, G. JUCQUOIS, M. LAVENCY, A. LÉONARD, G. MALONEY, P. MARTIN, A. PAQUOT, R. PATRY, E.C. POLOMÉ, É. TIFFOU, K. TUITE) traitent d'indo-européen, de grec ancien, de latin, de français contemporain, de bourouchaski, de svane, et de la langue conçue comme thermomètre social.

BCILL 99: **Sv. VOGELEER, A. BORILLO, C. VETTERS, M. VUILLAUME** (éds), *Temps et discours*, Louvain-la-Neuve, Peeters, 1998. FB. ISBN 90-429-0664-2.
Les articles réunis dans ce volume explorent trois aspects des rapports entre temps et discours: la référence temporelle; la relation entre type de discours et emploi des temps verbaux; les manifestations discursives du développement du système temporel au cours de l'acquisition. Ce livre intéressera tous les linguistes qui étudient la temporalité.

SÉRIE PÉDAGOGIQUE DE L'INSTITUT DE LINGUISTIQUE DE LOUVAIN (SPILL)

SPILL 1: **G. JUCQUOIS,** avec la Collaboration de **J. LEUSE,** *Conventions pour la présentation d'un texte scientifique,* 1978, 54 pp. (épuisé).

SPILL 2: **G. JUCQUOIS,** *Projet pour un traité de linguistique différentielle,* 1978, 67 pp. Prix: 170,- FB.Exposé succinct destiné à de régulières mises à jour de l'ensemble des projets et des travaux en cours dans une perspective différentielle au sein de l'Institut de Linguistique de Louvain.

SPILL 3: **G. JUCQUOIS,** *Additions 1978 au «Projet pour un traité de linguistique différentielle»,* 1978, 25 pp. Prix: 70,- FB.

SPILL 4: **G. JUCQUOIS,** *Paradigmes du vieux-slave,* 1979, 33 pp. (épuisé).

SPILL 5: **W. BAL - J. GERMAIN,** *Guide de linguistique,* 1979, 108 pp. Prix: 275,- FB. Destiné à tous ceux qui désirent s'initier à la linguistique moderne, ce guide joint à un exposé des notions fondamentales et des connexions interdisciplinaires de cette science une substantielle documentation bibliographique sélective, à jour, classée systématiquement et dont la consultation est encore facilitée par un index détaillé.

SPILL 6: **G. JUCQUOIS - J. LEUSE,** *Ouvrages encyclopédiques et terminologiques en sciences humaines,* 1980, 66 pp. Prix: 165,- FB.
Brochure destinée à permettre une première orientation dans le domaine des diverses sciences de l'homme. Trois sortes de travaux y sont signalés: ouvrages de terminologie, ouvrages d'introduction, et ouvrages de type encyclopédique.

SPILL 7: **D. DONNET,** *Paradigmes et résumé de grammaire sanskrite,* 64 pp., 1980. Prix: 160,- FB.
Dans cette brochure, qui sert de support à un cours d'initiation, sont envisagés: les règles du sandhi externe et interne, les paradigmes nominaux et verbaux, les principes et les classifications de la composition nominale.

SPILL 8-9: **L; DEROY,** *Padaśas. Manuel pour commencer l'étude du sanskrit même sans maître,* 2 vol., 203 + 160 pp., 2ᵉ éd., 1984. Epuisé.

SPILL 10: *Langage ordinaire et philosophie chez le second WITTGENSTEIN. Séminaire de philosophie du langage 1979-1980,* **édité par J.F. MALHERBE,** 139 pp., 1980. Prix: 350,- FB. ISBN 2-87077-014-6.
Si, comme le soutenait Wittgenstein, **la signification c'est l'usage,** c'est en étudiant l'usage d'un certain nombre de termes clés de la langue du philosophe que l'on pourra, par-delà le découpage de sa pensée en aphorismes, tenter une synthèse de quelques thèmes majeurs des **investigations philosophiques.**

SPILL 11: **J.M. PIERRET,** *Phonétique du français. Notions de phonétique générale et phonétique du français*, V-245 pp. + 4 pp. hors texte, 1985. Prix: 550,- FB. ISBN 2-87077-018-9.
Ouvrage d'initiation aux principaux problèmes de la phonétique générale et de la phonétique du français. Il étudie, en outre, dans une section de phonétique historique, l'évolution des sons, du latin au français moderne.

SPILL 12: **Y. DUHOUX,** *Introduction aux dialectes grecs anciens. Problèmes et méthodes. Recueil de textes traduits*, 111 pp., 1983. Prix: 280,- FB. ISBN 2-87077-177-0.
Ce petit livre est destiné aux étudiants, professeurs de grec et lecteurs cultivés désireux de s'initier à la dialectologie grecque ancienne: description des parlers; classification dialectale; reconstitution de la préhistoire du grec. Quatorze cartes et tableaux illustrent l'exposé, qui est complété par une bibliographie succincte. La deuxième partie de l'ouvrage rassemble soixante-huit courtes inscriptions dialectales traduites et accompagnées de leur bibliographie.

SPILL 13: **G. JUCQUOIS,** *Le travail de fin d'études. Buts, méthode, présentation*, 82 pp., 1984. (épuisé).

SPILL 14: **J, VAN ROEY,** *French-English Contrastive Lexicology. An Introduction*, 145 pp., 1990. Prix: 460,- FB. ISBN 90-6831-269-3.
This textbook covers more than its title suggests. While it is essentially devoted to the comparative study of the French and English vocabularies, with special emphasis on the deceptiveness of alleged transformational equivalence, the first part of the book familiarizes the student with the basic problems of lexical semantics.

SPILL 15: **Ph. BLANCHET,** *Le provençal. Essai de description sociolinguistique et différentielle*, 224 pp., 1992. Prix: 740,- FB. ISBN 90-6831-428-9.
Ce volume propose aux spécialistes une description scientifique interdisciplinaire cherchant à être consciente de sa démarche et à tous, grand public compris, pour la première fois, un ensemble d'informations permettant de se faire une idée de ce qu'est la langue de la Provence.

SPILL 16: **T. AKAMATSU,** *Essentials of Functional Phonology*, with a Foreword by André MARTINET, XI-193 pp., 1992. Prix: 680 FB. ISBN 90-6831-413-0.
This book is intended to provide a panorama of *synchronic functional phonology* as currently practised by the author who is closely associated with André Martinet, the most distinguished leader of functional linguistics of our day. Functional phonology studies the phonic substance of languages in terms of the various functions it fulfils in the process of language communication.

SPILL 17: **C.M. FAÏK-NZUJI,** *Éléments de phonologie et de morphophonologie des langues bantu*, 163 pp., 1992. Prix: 550 FB. ISBN 90-6831-440-8.
En cinq brefs chapitres, cet ouvrage présente, de façon claire et systématique, les notions élémentaires de la phonologie et de la morphophonologie des langues de la famille linguistique bantu. Une de ses originalités réside dans ses *Annexes et Documents*, où sont réunis quelques systèmes africains d'écriture ainsi que quelques principes concrets pour une orthographe fonctionnelle des langues bantu du Zaïre.

SPILL 18: **P. GODIN — P. OSTYN — Fr. DEGREEF,** *La pratique du néerlandais avec ou sans maître*, 368 pp., 1993. Prix: 1250 FB. ISBN 90-6831-528-5.
Cet ouvrage a pour objectif de répondre aux principales questions de grammaire et d'usage que se pose l'apprenant francophone de niveau intermédiaire et avancé. Il comprend les parties suivantes: 1. Prononciation et orthographe; 2. Morphologie; 3. Syntaxe et sémantique; 4. Usage. Il peut être utilisé aussi bien en situation d'auto-apprentissage qu'en classe grâce à une présentation de la matière particulièrement soignée d'un point de vue pédagogique: organisation modulaire, nombreux exemples, explications en français, traduction des mots moins fréquents, et «last but not least», un index très soigné.

SPILL 19: **J.-M. PIERRET,** *Phonétique historique du français et Notions de phonétique générale.* Nouvelle édition, XIII-247 pages; 4 pages hors-texte, 1994. Prix: 920 FB. ISBN 90-6831-608-7
Nouvelle édition, entièrement revue, d'un manuel destiné aux étudiants et aux lecteurs cultivés désireux de s'initier à la phonétique et à l'histoire de la prononciation du français, cet ouvrage est constitué de deux grandes parties: une initiation à la phonétique générale et un panorama de la phonétique historique du français. Il contient de nombreuses illustrations et trois index: un index analytique contenant tous les termes techniques utilisés, un index des étymons et un index des mots français cités dans la partie historique.

SPILL 20: **C. CAMPOLINI, V. VAN HÖVELL, A. VANSTEELANDT,** *Dictionnaire de Logopédie: Le développement normal du langage et sa pathologie.* XVI-138 pages; 1997. Prix: 450 FB. ISBN 90-6831-897-7.
Cet ouvrage rassemble les termes utilisés en logopédie-orthophonie pour décrire la genèse du langage et les troubles qui peuvent entraver les processus normaux de son acquisition. Première étape d'une réflexion qui cherche à construire un outil terminologique spécialement destiné aux professionnels du langage, il s'adresse également aux parents et enseignants, témoins privilégiés de l'évolution linguistique des enfants.

SPILL 21: **Fr. THYRION,** *L'écrit argumenté. Questions d'apprentissage,* 285 pp., Louvain-la-Neuve, Peeters, 1997. Prix: 995 FB. ISBN 90-6831-918-3.
Ce livre est destiné aux enseignants du secondaire et du supérieur qui ont à enseigner la tâche créative à haut degré de complexité qu'est l'écrit argumenté. Les opérations d'un apprentissage progressif et adapté au niveau des apprenants y sont passées en revue, de même que les étapes et les indices de la maîtrise du processus.

SPILL 22: **C. CAMPOLINI, V. VAN HÖVELL, A. VANSTEELANDT,** *Dictionnaire de logopédie: Les troubles logopédiques de la sphère O.R.L.,* XV-123 pages; 1998. Prix: 650 BEF. ISBN 90-429-006-7.
Ce livre est une suite logique d'un premier ouvrage et se veut une étape dans la construction d'un dictionnaire exhaustif du langage logopédique. Il aborde les domaines du dysfonctionnement tubaire, de l'orthopédie dento-faciale, de la dysphagie et dysphonies. S'il s'adresse bien sûr aux logopèdes-orthophonistes, il cherche aussi à interpeler les spécialistes de l'équipe pluridisciplinaire et susciter ainsi la rencontre de savoir-faire complémentaires.

SPILL 23: **Ph. BLANCHET,** *Introduction à la complexité de l'enseignement du français langue étrangère,* 253 pp., Louvain-la-Neuve, Peeters, 1998. Prix: 910 FB. ISBN 90-429-0234-5.
Cet ouvrage novateur propose un parcours à travers les questions fondamentales qui se posent quant à la diffusion et l'enseignement du «français langue étrangère». On les examine de points de vue issus de courants scientifiques récents (interculturalité, pragmatique, sociolinguistique, sciences de l'éducation), dans une éthique pluraliste respectueuse de l'Autre, associant diversité et unité. Une bibliographie fournie étaye le propos et ouvre vers des développements ultérieurs. Ce livre s'adresse à ceux qui désirent s'initier à la didactique des langues, s'orienter vers l'enseignement et la diffusion du F.L.E., ainsi que plus largement à tous ceux que la question des langues et des cultures intéresse.

PRINTED ON PERMANENT PAPER • IMPRIME SUR PAPIER PERMANENT • GEDRUKT OP DUURZAAM PAPIER - ISO 9706

ORIENTALISTE, KLEIN DALENSTRAAT 42, B-3020 HERENT